今月邀我问古月

—苏州传统村落守望录—

苏州市住房和城乡建设局　编

文匯出版社

冯骥才为本书题——

文化人是文明的火炬手。

我们每一代人的责任，

都是要把历史的光华呵护好，

高高擎起，并完好地交给后人。

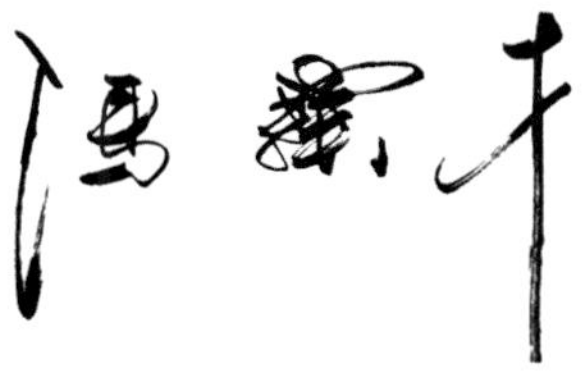

2022 年 9 月 2 日

序

范小青

在一个春天或者秋天或者冬天，去一个传统村落。随便哪一个都行。在苏州的乡下，这样的村落很多。很低调，很安静。

既普通到不能再普通，又典型到不能再典型，小桥流水人家，老街旧檐古墙，年轻人外出了，留下少许不愿离开的老人在村子里继续着他们平静而漫长的生活。

踏着石板石子街，或者是以青砖砌成的小道，经过村里的一些老宅、旧宅，看到村里的门楼、窄巷，站在一棵古树下面，停在一座祠堂前面，不但放慢脚步，连说话交谈都是轻轻的，好像怕惊动了什么。

那是什么呢？

是历史沉淀下来的生活，是当代社会的另一个面目，是经过时间过滤的一幅长轴画卷。踏进这幅画卷，在繁忙节奏中悬浮着的心，闲定下来了；在日常生活中游离我们而去的真实感，一下子回来了。

细细长长的老街上，少有行人经过，一眼望过去，似乎是空的，是轻的，但是在这个空的和轻的里边，却是神秘的，是有力量的，隐藏着许多奇特的故事，掩饰了许多辉煌的往事。

村里有许多古代建筑，长着青苔，爬着绿色的植物，墙里边有树叶树枝探出院墙。在这里穿行，好像就走回古时去了。且让我们随意地踏进一座老宅去看一看。

门口的台阶上，随意而又零散地坐着几位大妈。早晨的雾气散了，太阳出来了，她们在这里晒太阳，做着手工活，偶尔也会随意地看一眼经过的行人。

这个老宅也许会是一个景点，但它更是日常生活的一个普通场所，老人和老宅，都是一个“老”字，却让我们感觉到了新鲜，感受到了真切，让我们怦然心跳。

老宅的砖雕木刻、老宅的匾对楹联等等，于无言之中，向我们传递着历史的精彩；大厅里也许陈列着村史、家史，记载着村落农耕、经商、建设家乡的业绩。

从老宅出来继续走在村落的街上，一位老奶奶站在家门口朝我们微笑，她独自生活在这里，如同在一幅画里；一位年逾七十的老先生，在自己的小铁铺里打铁，打造一些简单的农具和生活需要的小铁具，他也许是这里最后的一道风景线。

然后踏上小石桥，小桥拱着腰，背负着什么，桥栏杆上有对联，写着“北濒急水泉源活；西控遥山地脉灵”，或者是“塘连南北占通途；市接东西庆物丰”。桥下的流水，是轻缓的，但是它托起了村落，托起了江南的意韵。

继续往前走，走到村的尽头。人，仍然很少；村，仍然寂静。生活的烟火却始终在这里弥漫，历史的回光依然在这里升腾，一个粗糙的淘米箩、一个开裂的小板凳，都能够激荡起内心的细微的情感，这是我们儿时的生活场景，这是中国社会曾经的写照。我们来到传统村落，今日的重温，足够我们在今后的漫长路途中慢慢回忆，久久品味。

我们会在这里流连忘返，我们会在这里找人说话，我们会在这里拍照留念，其实，那是我们自己在和自己的童年说话，那是永存于我们心底的依托和守望。

这就是苏州的传统村落。

杨湾、陆巷、三山、明月湾、角里、堂里、溪港、恬庄、李市……念叨这些传统村落的名字，心中荡起情感的涟漪，想到两个字：回家。

2022 年 7 月

前　言

中国是一个拥有悠久文明史的国家，文化遗产资源丰富。其中包括传统村落。2012年，全国传统村落保护和发展专家委员会第一次会议决定，将习惯所称“古村落”改为“传统村落”，以突出其文明价值及传承的意义，强调“制定专门规划，启动专项工程，加大力度保护有历史文化价值和民族、地域元素的传统村落和民居”。

关于“传统村落”的概念，住房和城乡建设部、文化部、国家文物局、财政部在发布传统村落调查的通知中即明确，是“村落形成时间较早，拥有较丰富的传统资源，具有一定历史、文化、科学、艺术、社会、经济价值，应予以保护的村落”；作为民族文化的源头和根基，属于历史遗产群落，融自然资源、历史信息、文化景观于一体，是中国农耕文明留下的最大活化遗产，也是一个特定文化历史发展的有形见证，反映了在某一地域人居文化、哲学和审美情趣演变过程的连贯性。

从文化遗产资源的角度，传统村落所包含的历代变迁、整体布局、街巷及水利系统、传统建筑及设施等，不可再生，弥足珍贵；从一个长期的动态变化过程的层面，传统村落依然保持传统的富有生命力的生活方式，并且随着时代更替和现代化水平的逐步提高，不断调整自身产业结构，通过规划、修复、重建等保护性手段，又是可以达到“再生”的。因此，传统村落不仅要被保护，还要谋求传承和发展，任重而道远。

作为从精神层面到物质层面，集历史文化与传统建筑于一身的综合体，传统村落至少具备此三大特征之一：一是村落选址和布局保持传统特色，即村落的选址和发展基本延续了始建年代的堪舆选址特征，仍然体现人与自然的和谐共生关系，蕴含着古代先民的天地人哲学观，在一定程度上反映了建筑风水理念以及儒家礼制规范和伦理道德；村落的各类建筑布局、路网格局大体保持着传统的空间结构及其肌理。二是现存传统建筑风貌完整，即村落中应该拥有一定规模和数量的传统建筑，同时要求历史遗存的文物古迹和建筑物、构筑物布局紧凑，建筑的形式、高度、体量、屋顶、墙体、门窗、色彩等基本保持着传统的地方风格和风貌特色。三是物质文化遗产活态传承，即在历代生息繁衍中创造的以声音、形象、技艺为表现手段，并以身口相传作为文化链的口头文化、体型文化、造型文化和综合文化等活态传承，尚需有国家和省相关部门认定的非遗传承人。

传统村落在变迁与沉淀中星罗棋布，因所处气候、地域、材料资源、社会形态、生产方式、民俗崇信等不同而顺势而为，风格迥异，各美其美，展现当地独特的选址布局、传统文化、建筑艺术和空间格局。譬如华北平原的村落，街巷多横平竖直，面貌规整；山地地区的则选址在山脚相对平缓的地带，“藏风得水”，靠山就势建造窑洞、台院、吊脚楼等。而位于“江南水乡”长江中下游平原的苏南传统村落，与水系休戚与共，得天独厚。

凝聚和承载千百年记忆的苏州传统村落，多形成于唐宋，兴盛于明清乃至近代，傍水而建，临水而居，至今延续着鲜活的传统起居形态；水文化滋养了稻作渔耕文化、桥文化、船文化，进而形成了江南意韵的建筑文化，是“江南水乡”村镇的典范和江南文化的杰出代表。

毋庸回避的是，由于农村工业化、非农化和乡村城镇化、经济高速发展等诸多因素的驱动，众多传统村落曾一度在重重矛盾中被忽视而走向衰落，甚至消失，苏州传统村落也不例外。抢救性保护传统村落刻不容缓。尤其近年来，从国家层面到各级政府高度重视，加大保护力度，相继出台一系列政策与措施，传统村落的保护工作全面启动。

2016 年起，江苏省人民政府发布《江苏省传统村落保护办法》，调查全省传统村落的数量、类型、地理分布及现状等，并对 100 个乡土文化特征鲜明、传统资源较为丰富的传统村落做重点支持。

2020 年，苏州市人民政府贯彻落实国家和省级保护要求，印发《关于切实加强全市传统村落保护利用与发展的指导意见的通知》，进一步加大保护力度，合理利用村落价值，以保护促发展，以发展促保护，努力实现活态传承，促进乡村发展振兴；并于 2021 年 11 月，公布“首批苏州市传统村落和苏州市村镇传统建筑（组群）名录”，38 个传统村落和 51 个传统建筑（组群）榜上有名。

苏州市住房和城乡建设局指导各地编制保护规划，制定保护方案，排定保护项目，并试行《传统村落评价认定指标体系》，多年来“保护为先、兼顾发展、合理利用、活态传承”，使之获得“再生”，魅力依旧，独领风骚，成为苏州乃至长三角地区的又一张名片，是中国传统村落历史遗产群落的江南样板、不可或缺的重要组成。

目前，全国各地域共 6819 个村落入选“中国传统村落名录”，其中江苏 33 个，苏州 14 个。截至 2021 年 12 月，江苏省各地域共 439 个村落入选“江苏省传统村落名录”，其中苏州 71 个。

本书以入选国家级、省级名录的 71 个传统村落为调研对象，力求图文并茂：上篇《今月邀我问古月》，展现苏州传统村落之古韵今风、传统建筑的营造智慧种种，江南文化、苏州细节彰显，是中国传统村落不可分割的重要组成。中篇《稻花香里造丰年》讲述上篇所见传统村落、传统建筑之美好样貌的背后，苏州各级住建部门以保护求发展，尤其在乡村建设中，一为传统村落特有的民俗文化活动扩建公共空间；二为保护村落原始原貌，修缮或重建传统建筑、古街老桥等，而“不改变文物原状”；三为弘扬村落优良传统，改造乡村产业发展过程中大量不同时期、不同类型的生产建筑遗存，服务于当代生活；四为现代产业结构调整进行各项配套设施建设等。下篇《村里村外如是说》，则作为上、中两篇的理论基础并付诸实践之经典案例，呈现给读者的是，或总体格局不变，或重修老宅对外开放，或改造废旧砖厂，或打造特色公共建筑节点，或落成历史文化建筑群等。

一个传统村落，就是一段传奇，就是一座传统建筑的博物馆，就是一笔非遗财富；今月邀我问古月，问乡愁，问守望，问继往开来的深远意义。

2022 年 5 月

今月邀我问古月，问乡愁，问守望，问继往开来的深远意义

目录

第二节　永远的乡愁

中篇　稻花香里造丰年

第一节　穿越时空的守望

第二节　“老味道”新天地

冯梦龙村的中秋之夜

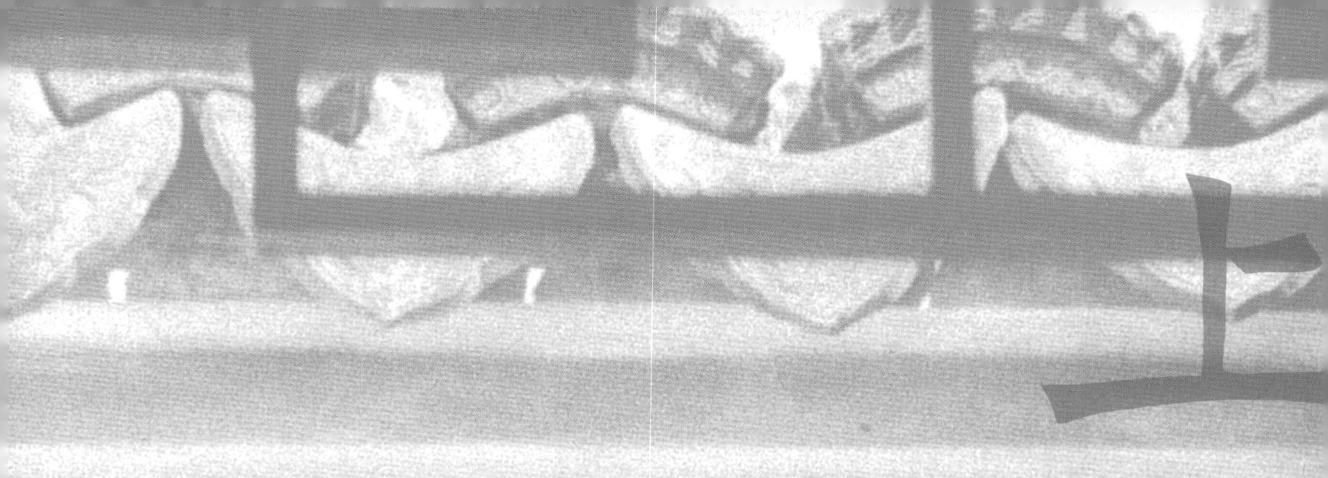

上篇

今月邀我问古月

题记：『古人曾照今时月，今时月是古时月。』时空交错，问传统村落的古韵今风，问传统建筑的营造智慧，问历史钩沉，是最美的乡愁；留住乡情，护住乡土，记住乡愁，必将枝繁叶茂。

经苏州市住房和城乡建设局一如既往的乡村建设、文化性保护、专业性修复与重建，历经千百年沧桑的村落形制、传统建筑、老街老巷、古桥古井、乡土树木等江南风格依然在，门窗阶厅、堂室楼阁、吉祥图案的苏州细节依然在；从杨家将后裔落户杨湾到南厍的『简村远帆』，从状元故里到耕读传家，从明月湾之玩月到问村之问……经典永流传，是中国传统村落不可分割的重要组成。

堂里仁本堂，俗称西山雕花楼

传统村落，顺应水势，依河伸展，展示传统村落肌理和“天人合一”的传统风水理念

第一节　千百年的问

苏州传统村落位于北亚热带湿润季风气候区，气候温润，降水充沛，河网密布，常年平均气温 15.5 ℃，年降水量 1000 毫米 左右。随着生产力发展、水利技术被广泛应用，低地逐步被围垦，水系被局部改造，水网逐渐形成，应稻作生产的需求，居住地离生产场所不能太远，于是以河道水体为条件，顺应水势，依河伸展，以街巷、水道灵活穿插展开空间形态，以人、舟、车的活动呈现空间序列，以桥洞透视水街景象的空间层次，多层次、多样化、多视角地展示传统村落肌理和“天人合一”的传统风水理念。

这个自然发展起来的村落群体，延续着始建时代的选址、形制和肌理。

在乡村建设中，为适应当今时空环境的变化，村域的空间范围扩展了，空间功能有所改变；但万变不离其宗，空间本质及内涵并未发生改变：村民起居井井有条，依然遵循“农时”而“农忙”“农闲”，并享用先辈智慧营造赐予的各种便利，譬如街巷自然排水、房屋避风采光、烟囱土灶等。

古街砖石铺地，两边商铺人家招幌招展，色彩鲜艳，是太平岁月里的安逸营生；古井斑驳，水波清澈汩汩而流，供人汲水洗涤；码头石阶粗犷，古河道往来穿梭的舟船虽然不复当年商贸、交易盛况，而依稀可见昔日繁华。江南小桥流水，苏州人性格中的柔性一面，落到苏州传统村落的空间结构，则是各种借景、对景的柔美意韵。许多村落的入口处或古庙庭前，都有屹立千百年的古树，张盖结荫，如同沧桑老人守护一村平安，无声叙述着村落的历史，老树新芽，又昭示着美好的希望与未来。

摘完枇杷，杨梅季又来了

经规划设计、修缮改造的村落空间环境，密切联系着村民生活。无论单家独户散居田间河边，还是数户甚至几十户集中居住，均能满足在水乡劳作生产、生存发展的需求。许多宅院都在纵横交错的河道旁、四周种植果树林木，如橘、桃、枇杷、杨梅、桑树等，宅后往往又是一片青翠的竹林，村落前后波光粼粼的河道塘面则是养鱼的场所，一派浓郁的“江南水乡”风光。

由于地理环境和条件的差异，水面覆盖率大于村落总面积10%的苏州传统村落，选址亦不尽相同。有的临水，有的夹水，水面大小也有较大差异。位于昆山市的譬如锦溪镇张家厍，几乎家家临水而居，呈“回”字状；譬如张浦镇姜里，依姜里潭而建，道路弯曲似迷宫，整个村落犹如一幅“八卦”图案。吴江区是水网最密布之地，使得很多村落民居紧密分布。位于吴中区东、西山的譬如三山村、杨湾、陆巷，东村、明月湾等，背山面水、负阴抱阳、坐北朝南，普通民宅、大户宅第、宗族祠堂等明清建筑众多，从堪舆选址到营造技艺等主要环节，不仅以江南文化为本，还兼收并蓄了中原文化、越文化、徽文化的特质。街巷类型也多样，有前街后河、青石铺地的陆上夹道，有压驳岸而建、幽深的水上小巷，有河港平行的滨河街巷等。

另一方面，由于文化背景、家族历史、生活理念的差异，苏州传统村落的布局、形制及其演变，亦各有各的特点。相同的是，千百年来它们都有一个令人遐想的名字，每个名字背后，都有一个深邃的时空以及无数个共同缔造美好家园的故事。譬如明月湾、角里、陆巷、杨湾、李市、三家市等；金村，古名“慈坞里”；肖家巷，古名“唤英台”……常熟问村，相传宋康王赵构为躲避金人追捕，携众南下时见一村落秀美异常，便问“此村何名”；这一问，问了近千年。

甪里周家祠堂『周氏义松』碑，记载明万历年间周氏家族『率众种松』、共同缔造美好家园的事迹，其拓片现存西山石刻碑刻文化展示馆（东村徐家祠堂）

东山地区是太湖东北部的一个半岛

东山村落印象

吴中区东山地区是太湖东部的一个半岛，主峰莫厘峰是太湖七十二峰中仅次于西山缥缈峰的山峰，全境为长条形的基岩岛屿，宋代时东山与陆地之间水面辽阔，宽达15公里，随着地质变迁沙坝发育，清代乾隆时期湖水夹带泥沙淤积，到嘉庆、道光时期，当地的菱湖、大缺口淤积成陆，才形成了如今东山这一湖滨半岛与陆地连接的格局。

东山山脉自东北走向西南，低山丘陵连绵不绝，山麓与湖面之间坡度平缓，土层深厚，适宜聚落分布与果树种植。历来按自然地形区别为“前山”和“后山”两部分，前山多山谷地，当时人称为“坞”，后山则为“湾”，是沿着太湖水岸的湖湾之意，“湾”区与“坞”区都是传统经济果林主要种植地区，“花果之山”名不虚传。东山也是太湖的半岛，具区港（渡水港）贯穿东山南北水道，全长12公里，旁系河流密布，这样的地形，自古有“五山二水二地一田”的说法，耕地偏少，决定了本地杨湾、陆巷、三山村、翁巷等村落根据不同的自然山水地形特点而布局空间，进行村落选址和世世代代的建设，直至今日。

高墙之内，总有故事在等着你

历史上东山地区经商风气浓厚，有资料表明，清代乾隆数次南巡时期，该地区 80% 的户籍人口从事不同类型的商贸活动，而不论镇、市，还是村落，都是以经商致富为第一原则，相对其他村落的耕读、经商、科举并重，东山翁巷、杨湾、陆巷、三山村等村落的布局，或更注重考虑商贸运输货殖的便利，选址在太湖沿线以便于修建码头；在村庄街巷规划时除了考虑宜居，还注重防卫功能。纵横交错的小巷如迷宫，很多大户人家巨资所建的高墙大院，内部厅堂、书楼、卧房等雕饰考究，天井、备弄、隔墙等布局巧妙，并设暗室阁楼保护财产安全，其中一些建筑经修缮、重建更显端倪。东西南北各有巷门，夜间更夫打更巡逻，俨然城堡，这些巷门现在虽已无“门”，但大多可见旧物遗存的形制。

东山镇三山村，是唯一的岛居村落，具湖岛田园风光——

由于地处江浙两省交界，是古代太湖水域航运的咽喉要冲。三山岛呈东北高、西南低的走向，桥头自然村总面积 14.44 公顷，重点保护面积 1.76 公顷。

岛上有三峰：北峰、南峰、中峰，俗称北山、小姑山、行山，三峰相连，北部分布有东泊小山和西湖小山，近旁有厥山、泽山小岛，“三山两谷”

三山岛位于“太湖心”，村民水路出行

三山村的“山、水、湖、林、田、房”

斑驳古巷

顺济桥，相传建于宋代，是全岛最古老的石桥

是这个村落的基本地貌特征。

在山坞选址建村，除了考虑水上交通便利渔船，多背山面水，还要预防山洪泻下的危害，确保田地和房屋居住的安全，于是形成了“山、水、湖、林、田、房”的地理环境，便利生活。

村落周边港湾密布，有众多的河汊、码头作为村民出行的交通设施；村内道路呈现“街—巷”格局。街是村落内部主干道，连接岛上各个自然村之间的道路，约2—3米；巷弄基本按照现有建筑肌理形成，路幅1—2米。大量风貌保存较完好的民居，围绕太湖沿岸的几个古码头，沿着开阔水面的湖湾向纵深拓展。岛上名宅大户的建筑群包括江苏省文物保护单位1处、市文物保护单位1处；明清至民国时期的传统建筑31幢，如潘氏师俭堂、黄氏清俭堂、宓氏九思堂等；古井18处，古桥2处，寺观堂庙曾多达18座，是以桥头自然村为中心，古街、古宅、古井、古桥、古寺庙点缀其间的空间形态。

桥头村的宓姓九思堂，最早建于明天顺年间（1457—1464），建筑面积446平方米，现存大厅、住楼，大厅二坡硬山造，面阔五间，进深七檩。偏柱楠木鼓凳，上有风穿牡丹官帽头，下有对角方砖渡方步，是当时三品官的住宅；为研究当地明代民居提供了珍贵的实物资料。

三山行政村原名晓光大队，有小姑、桥头、东泊、山东、西湖堡五个自然村，作为中心的桥头自然村，得名于村口武康石材的小桥，名“顺济桥”。这座小小的平桥乍看不起眼，桥面独块石材，青石两侧雕刻了卷云纹，线条舒展流畅，造型端庄。相传建于宋代，是全岛最古老的石桥；南宋时武康石用于建桥的范围覆盖整个太湖流域，苏州、上海地区甚至将武康石作为判断宋桥的主要依据之一。

至今家家沿用古老的砖灶，矗立屋面的烟囱造型别具一格，是三山岛独有的抢眼点；五百多村民因此被称作“五百烟户”。烟囱分梅

1
2

1. 清俭堂外的封火山墙和空斗墙

2. 烟囱被村民称为“顺风”

花形、品字形、玉兰形、亭子形、平台形、重叠形、桥形等二十余种，村民称之为“顺风”。“顺风”不仅能防雨水进入，有利于通风排烟，更能增强烟囱的牢固度，以适应太湖暴风骤雨的袭击。村民认为烟囱倒坍是最不吉利的事，所以建造时特别讲究；传说烟囱装饰是给灶王爷添彩，让他乐意“上天奏好事”，回来保家人平安。各村周围多山，柴草丰富，可作燃料。

宋代苏州方志记载，三国东吴宰相顾雍、西晋高官顾荣祖孙，都出生、居住在三山岛。厥山岛，即为纪念南朝文学家陆厥（472—499）而命名。岛上吴姓则是明代从东山分迁而来，始祖是春秋吴国的季札；岛上秦氏也是大姓，始祖是北宋大诗人秦观。

雨后，在陆巷散步

东山镇陆巷，始建于南宋，明末清初已是“后山”最繁华的大村，是苏州传统村落的代表作——

背靠烟波太湖七十二峰最高的主峰莫厘峰，面临太湖，深藏于群山连绵环绕的山坞里，环境选址相对封闭回合。跳出不同时代特定行政区的思维框定模式，将其地貌作为一个整体看待，“湖湾”“山岭”“岛屿”，都从自然演化而来，吴越一体，山水难分；古人选此处建村，更出于“深藏不露”的地理防卫、安全意识，兼顾交通便利出行的考虑。

山抱村落林绕屋，不但村居层层高低错落，依坡而筑的石坎护住山上果园的水土，果林片片，沿着山势层层而上，蓄水施肥，都是千百年积累而完善出的精妙“山田”。果农日常巡护、修枝、采撷，按照时令背着竹篮篓筐上山，日出而作日落而息，与稻田耕种的农民一样艰辛，采茶季和养蚕人家一样通宵劳作。

村落整体保存形成之初“一街六巷三河港”的鱼骨状布局，“六巷”“三河港”依次与“一街”相交，交汇处古树古井点缀其间。现存三十余处

陆巷，山抱村落林绕屋

明清古宅，总面积达上万平方米，经整修开放的有怀德堂、怀古堂、遂高堂、惠和堂、粹和堂、宝俭堂等多处，与周边小广场、店铺、码头等形成和谐的建筑群落。粉墙黛瓦的空间色彩，完整表达和延续着村落原生、质朴的传统空间风貌与肌理，以传统建筑节点为核心，沿街巷衍生出线性空间。

“一街”，指处于中心位置的作为主要交通的紫石老街，又称“百岁街”，地面铺成的长条麻石板，为花岗岩，一说为宋代武康石遗存。

三座牌楼，旌表的却是同一人

全长六百多米一里多的路面，共用条石两千多块，条石下藏有古老的排水系统，春天夏天山上的溪水流下来，水声潺潺都是自然天籁，游人不知究竟，往往四处寻觅。老街两边的民居鳞次栉比，到南端便见会元、解元、探花的“三元牌楼”，呈丁字形排列，是村落的标志性景观。

三座牌楼，旌表的却是同一人：陆巷人王鏊于成化十年（1474）乡试第一，翌年会试第一，又廷试第三，一时盛名天下。其中解元坊设有石门槛，原先应装门扇，带有巷门的功能。这三座牌楼原已被毁坏，仅

沿街建筑飞檐翘角

剩六根抹角四方形石柱矗立于原地；2002 年在原有石柱上按原样恢复，新修复的牌坊上下两层，飞檐翘角，其上木榜金字，格外夺目。

“六巷”，指古西巷、旗杆巷、姜家巷、韩家巷、文宁巷、康庄巷六条巷子，位于紫石老街东侧并与之垂直，向山坡蜿蜒伸展。紫石老街西侧的蒋湾港、陆巷港、寒山港“三河港”，河水清澈，缓缓流向太湖。

巷，是小于街、道的屋间通道，有学者认为，凡自然传统村落以“巷”

惠和堂、王鏊故居

命名的，一般村落规模比较大。一说苏州话中“六”“陆”同音，陆巷因此得名。民国李根源《西山访古记》专门提到陆巷名字起源，考定元代有陆姓富商定居于此。而陆巷其实起源更早，始于北宋年间，据说宋室南渡时经过太湖，见太湖东山湖山秀丽，战火不易祸及，于是有王、叶、姜、金等战将安置家眷于此。王鏊家族的祖先是宋代皇室、贵族南渡扈从，后来定居陆巷。

东山镇翁巷，属莫厘行政村，位于东山莫厘峰东北翠峰坞与金家河、席家河之间，村东的席家花园与东山古镇连接，由翁巷、鹅潭头、金家河、汤家场四个村落组成——

村落布局依山临水，背靠翠峰坞，在明代中期基本成型。明代所筑的翠峰路，南北长1.6公里，清初所筑的席家湖路，东西长1.2公里，"丁"字形布局，仍是今天的主道。主道宽2米左右，用小青砖铺成，考究的"鲫鱼背"路面砌法，令雨水迅速排掉，能使行人雨天走路不湿鞋。主道两边有笠帽弄、三茅弄、太平巷等小道，街巷大多较窄，街、巷、弄的传

统格局如鱼骨状排列，形态比较清晰；明沟排水系统利用了自然地形。

河道之外，内部散落的水潭池塘也是翁巷的一大特色，是历史遗存的重要水体，村内遗存有双潭、贾家潭等七处水潭池塘。“三水穿村”的密布水系，是古代村民生活、运输的重要港道设施，都源于翠峰坞并直通太湖，分别是南北走向的长泾港、席家湖，东西走向的金家河，至上世纪 80 年代还是村民的饮用水源。

村东席家花园，又名“启园”，苏州古典园林中唯一一座依山而筑、傍水而建的园林，是当年康熙皇帝巡幸东山上岸之地，有东、西两大花园。

翁巷，布局依山临水，背靠翠峰坞，在明代中期基本成型

翁巷街、巷、弄，雨天走路不湿鞋

启园主体建筑四面厅“镜湖楼”

东园为明末席姓商人购翁氏集贤圃移建，其西侧花园弄御道用青砖侧铺而成，目前保持原貌，但东园已毁。

现存西园景观在 2018 年全部修复、重建，四面厅、复廊、转湖、假山、新楼等，构图均衡呼应。园内主体建筑四面厅“镜湖楼”最为壮观，位于山林之间，四面二层，重檐翘角，端庄雅致；厅东筑五老峰，上有真竹假笋，地面用小石子铺成图案，周围遍植牡丹、山茶、桂花、红枫、蜡梅、铁牙松等花木。环绕镜湖楼的水池名“镜湖”，沿池四周堆叠假山，灵巧的太湖石形态各异。离镜湖不远，有一方形荷塘，夏季荷花盛开，

园内回廊曲折通幽

清香四溢。镜湖外侧，一条小河濒临太湖，河上有两座古典式拱桥横卧清波。

这个村落最早发源于大唐盛世、千余年前一次惊心动魄的远征之旅，西北而来的一群军将子弟，跋山涉水穿越大半个中原，最后选择了太湖东山，选择翁巷作为远离战火硝烟的安居之地。翁巷姓“翁”，历史上名气最大的是翁笾，明代中期海内有名的江南富商，时人称“翁百万”，“翁少山布”畅销全国。他去世后，明万历大学士申时行作墓志铭纪念，这在封建社会是罕见的。

杨湾的布局特征，是典型的两山相夹的岭根坡地分布

杨湾，修筑后的“官道”

东山镇杨湾，原称杨湾大队，曾是东山后山集镇。全村完全处于群山环绕中，由浜场、大浜、上湾等自然村组成，人口近千，一度是镇政府所在地——

杨湾的布局特征，是典型的两山相夹的岭根坡地分布。西、南都靠

村东杨湾浜小广场，一堵带穹形门洞的墙矗立于街中，即原先的巷门遗迹

环山公路，东、北面与山体相连为邻，村落与太湖水岸相隔不过数百米，北靠青山，南望太湖。村落南端以东西向古街为轴线，南北部的落差达7.4米，这是村落暗藏的一个风水机密，选址南低北高的地貌形势，利于山岭之下的排洪泄水。

村内街道古来由官道相通，原呈“干”字形，如今环山公路绕村而过，主要道路改变成“十”字形；“人”字形或青砖侧铺的“官道”近年修筑通行。

杨湾“三街六巷门”之说很有名。旧时条条街巷设砖木结构的巷门，工艺考究，架构明快简洁，上有立柱，柱头上有“卷杀”，上置栌斗。巷门由专人看管，日出而开，日落而闭，尤其明清时代，青壮年多外出经商，家中只留老人妇孺，可保安全无虞。

至东南，原为水运码头的杨湾浜小广场，便可见一堵带穹形门洞的墙矗立于街中，横跨两侧房屋之间，即原先的巷门遗迹，虽然没有了门扇，但仍是区别内外的门户。入这道巷门，就是当地家喻户晓的“明清一条街”了。

古街南北长1公里，沿街多传统民居，进落肌理清晰，风貌保存完好。按村里地形，随着低地顺山坡就势展开，与地形结合，或逐进递升，或平顺展开，各进单体建筑空间紧凑，尺度严密，形态规整，最大限度利于宅基地的空间。譬如清代乾隆时期所建的遂祖堂，第一进门屋与最后一进单体建筑，平面高低落差达到2.1米。这种顺应自然地势营建屋

村落北端的轩辕宫，初建于唐代，全国重点文物保护单位

轩辕宫系“单檐歇山，澈上明造”

宅的做法，使得单体建筑的纵向空间极具变化性、丰富性，建筑景观也因此生动立体，错落有致的建筑，层层递进，勾画出山村院落的立体轮廓。进入民居内部来看，各个院落别有洞天，各进单体建筑之间或设天井，或辟有庭院，假山花木营造出“山林之气”，而这些古建宅邸，本身不在城市，“假园林”就在“真山林”中，真真假假，虚实玄妙，自然野趣与人工、设计协同，既是古代工匠科学思想的实践，也是时代变迁之下的风俗、审美嬗变的佐证。

古街中段为山径，沿着山脚或曲或直，村舍院落隐现山上果林中，满山柑橘、银杏、茶树，花果繁茂，古街北段小巷幽深，宅第密集，有元、明、清建筑三十多处，类型有寺庙、祠堂、民居、店铺、更楼等。村中有河道，称“大浜头港”，可解决村民用水、灌溉农田。

村落北端的轩辕宫，初建于唐代，全国重点文物保护单位。系“单檐歇山，澈上明造”，殿内木柱用材粗壮，作梭形，金柱一柱到顶，高 6.2 米；所有木柱下都垫木鼓墩或木櫍。斗栱为“五辅作下昂”形式，后尾有“偷心”。其明间下金檩，采用“断材”，即苏州人俗称的“断梁殿”形式。据陈从周先生考证，“虽经明清两代重修，但正殿内的柱础，棱形金丝楠木柱，有卷杀的檐柱及大部分梁架、斗栱等木结构还都是元代遗物”。此类建筑在宋元和明清两大时期，比较显著的特征区别在于它的斗栱等构建，从承重作用演

轩辕宫瓦当上的细节

变为装饰作用，且体量更小巧。

《东山志》记载，宋高宗南渡过太湖时，风浪大起，险象环生，他遥拜箕家山上的古胥王庙，风涛顿时平息。为了谢神，高宗差官修葺庙宇，加封伍子胥为“忠武英烈显圣安福王”，山下杨湾的杨嗣兴献出土地，将古庙续建为东山最大的庙宇，今称“轩辕宫”。

当地民间称“轩辕宫中有三件宝”，一是“阴亭”，二为文徵明的《东西两山图》，三为明代阁老王鏊的《洞庭两山赋》。后两者镶嵌于殿宇壁间，两块石碑均为明代文物，内容都是赞美、描绘东、西山的美丽与富饶，追溯两山的文化历史。左图右史，属记载明代太湖风貌的重要文献。

前殿为城隍庙，陈列着一座雕刻精美的单层石塔，俗称“阴亭”，为明代特殊的墓葬形式，形制极为罕见，全国目前仅发现一例。通体青石仿木结构，用大小不一、样式不同的石构拼装，须弥座，高三米多，宽两米多，正面上夹樘板阴刻“叶时敬妻周氏之墓”。六角凿为立柱，每面都设四抹头和合门，门上雕刻有“祥云仙鹤”“凤穿牡丹”“龙凤呈祥”“喜上梅梢”“麒麟送瑞”等吉祥图案。这座塔是上世纪70年代初，在陆巷山坡上被发现移置于此处的；它对研究明代建筑艺术有着特殊的意义，也反映了明代杨湾村一带的社会情势与民间风尚。

雕刻精美的单层石塔，俗称“阴亭”，明代特殊的墓葬形式，全国目前仅发现一例

杨湾得名相传与北宋“老令公”杨继业有关，是杨家将最著名的杨六郎杨延昭一脉嫡传。北宋末年金兵大举进犯中原，杨氏本是并州太原籍，其后裔南迁入籍东山，落户杨湾而开枝散叶。民间话本《说岳全传》里有个故事，杨湾村的杨虎是太湖侠盗，劫富济贫，后来归顺岳家军，聚集东山壮士抗击金兵，立下战功，成为抗金名将，岳飞被害后解甲归田回到杨湾故里，以渔耕为业。

西山村落印象

吴中区西山地区地形复杂，有平原、低山、丘陵、山坞、湖湾、岛屿，传统村落分布在不同地形地貌的自然空间，号称“七村八巷九里十三湾”。各自然村选址讲究“风水布局”，因地制宜切合自然之道，充分考虑生产、生活的便捷与环境优美结合，或在太湖湖湾地区随地形而自然形成，或背山面湖，在山间平原选择建村，或充分利用山林资源，在山坞中形成村落。不论上山种植、采集，驾船出行、运输，或日常耕作的采光、用水、交通等因素，都在古人觅地建村的考虑范围中。相对而言，西山湖岸线曲折的众多湖湾地区、山丘的谷底山坞以及自然条件优越的低洼圩田平原地区，都是传统村落分布密集之地，一些集镇也因为经济、历史、地理交通等综合原因自然发育形成。

“七村八巷九里十三湾”，各自然村选址讲究“风水布局”

民居多向阳而建，虽近水而能避开水路防洪

民居多向阳而建，虽近水而能避开水路防洪。古民居院落的层次有深有浅、有高有低，院落规模有大有小，格局有长有宽，因而产生起伏和节奏感。特别是清乾隆年间的民居建筑，地方风格非常突出：它们不仅在精湛的砖木结构技术所创造的建筑形象上，而且在建筑空间的意匠上，更能充分体现西山岛民的特殊空间意识和审美观念。

村里有巷门设置，桥梁、祠堂、公井等公共设施完备，街巷种植白果、石榴、枇杷等树木，既有观赏性，又是经济作物，对西山传统村落整体环境美化起到了画龙点睛的作用，同时也营造了宜居生态环境，一举数得，成为现代人度假休闲的佳处。

西山岛传统村落群最早的历史脉络在秦汉时期。当时海内声望最高的四位高士“商山四皓”，出谋划策助太子即位，令汉高祖不得不听从舆论。传说太子刘盈登帝位后，他们即离开长安，隐居西山岛，深山修行，散落为家，后世再逐步演变为人们群居的村落。甪里、绮里、慈里、东村四个传统村落，分别指向这四位高士：甪里先生周术、绮里季吴实、夏黄公崔广、东园公唐秉。

金庭镇角里，属衙角里行政村。位于西山岛的最西端，西倚平龙山，东靠牛场山，南北均濒临太湖——

村落主体布局，以长 1.5 公里的郑泾港为骨架，在东西两岸修筑街道，形成主导空间，次一级的村落空间以垂直于主街道的小巷向两侧山坡延伸，形成了层级分明的鱼骨状街巷空间体系，柯家村、周家上头分别位于村落西北、东北端，成犄角之势。为了方便舟船出行，两者各自均开有港形湖湾，而村落南端的前河犹如鱼尾，直接面向太湖，并且筑以围堰、湖湾，这种“犄角游鱼形”的村落布局是角里的一个重要特征。

村落边上有角头山，历来是太湖防务重地，设有水军巡检寨，角头寨自北宋设立，到明嘉靖三十五年（1556）扩大为太湖营，衙门就是今天的衙里村。随着近年来行政区划调整，近旁的衙里、疃里也划归角里，

安居的节奏

行政区划调整后，近旁的衙里、疃里也划归角里，组建为衙角里行政村

组建为“衙角里”行政村，共包含23个自然村。角头寨、禹王庙、古桥、码头、古民宅等有规则分布，村中一条南北向的郑泾港，串通太湖，独占形胜。

“郑泾港两头通，文昌阁坐两头”的俚语，说的就是郑泾港及其相关3座老桥。郑泾港始建于唐代，古名“芳塘”，因由角里名门望族郑家所筑而得名。明清时曾是浙江、江苏两省的治安界河，其西治安由浙江省管辖。黄石驳岸，港口有明代石码头，长65米，高1.8米，共用102块长3.4米、宽0.7米的花岗石砌叠而成，码头伸入太湖中，壮观、实用。

港上现存古桥3座：永宁桥、渡桥、南星桥。

永宁桥位于郑泾港北部，为花岗岩平桥，两侧石柱均有对联，明嘉靖年间由角里人郑栋、郑楷、郑林三兄弟所建，清乾隆五年（1740）重修。东西向，横跨郑泾港，花岗石平桥，长5.6米，宽3.4米，高3.22米，桥额阳刻“永寧橋”三字。

南星桥位于郑泾港南部，为单孔石拱桥，全长12.2米。清乾隆二十七年（1762）由角里人曹泰禧、曹泰仪、曹泰临、曹泰扬四兄弟为庆祝母亲王氏八十大寿而建，桥名系祝贺王氏“寿比南山老寿星”，取其中二字而得名，桥栏上有寿字祥云雕刻。

渡桥位于郑泾港中部，花岗岩平桥，始建无考，桥下部有宋代武康石基础，可见其历史悠久。清代重修，现桥面局部已改建。

而文昌阁是村落中部曾有的一组建筑，始建于清乾隆年间，于上世纪60年代被毁，但“文昌阁”作为地名沿用至今。

禹王庙位于郑泾港口的太湖之滨。相传大禹曾在西山治水，人们为纪念他治水的功绩，在太湖中建造了四座禹庙，以镇洪水。1984年禹王庙整修一新，为太湖中仅存的禹庙古迹，列为县级文物保护单位。

禹王庙始建年代无考，但远在南朝梁大同三年（537）已有重修的文字记载，1400多年来屡建屡毁。1994年征地继续扩建庙园，向游人开放。庙有大殿三间，楠木梁柱，高10米，单檐歇山式，四只戗角，正对东南西北四个方向，下垂风铃，微风过处，铃声清脆悦耳。台基高1米，15米见方。青石御路一方，为明代遗物，刻“双龙戏珠”。

角里，《史记》中又称“绿里村”，村落始建于隋末，魏建威将军郑茂长子郑白麟携带家眷渡江避难至此，为该族迁山始祖。南宋名将曹友闻后嗣在嘉熙三年（1239）奉母定居，郑、曹两姓到来，角里村落逐步形成。

1. 郑泾港始建于唐代，古名『芳塘』
2. 南星桥位于郑泾港南部，为单孔石拱桥

1
2

禹王庙始建年代无考，但远在南朝梁已有重修的文字记载，1400 多年来屡建屡毁，1994 年征地继续扩建庙园，向游人开放

风调雨顺

东村，受两山限制，在岭根坡地发展，呈现东西向“一”字形布局，花果繁密，鸟语花香

东村民居多深宅大院，建有许多门楼高墙，雕梁画栋，以清乾隆、嘉庆年间的居多

金庭镇东村，位于西山岛北部，南倚青山，北濒太湖，隔水与横山、阴山、绍山诸岛相望——

有东村、西上、中段、东上四个自然村。北有东西相连的张家山、凤凰山，南有栖贤山，村落受两山限制，在岭根坡地发展，呈现东西向“一”字形布局，花果繁密，鸟语花香，东西两端各有水道通向太湖，整体空间相对完整，人居环境相对密闭。现有村落面积约7公顷，常住人口约500人，经济以花果、碧螺春茶叶、旅游服务为主。

街巷以一条东西走向长800米的东村大街为主，两侧有多条支巷，呈“丰”字形格局，街巷东至永泰桥，西至徐氏祠堂，南至栖贤山山脚，北至凤凰山山脚，街道总长3500米，宽1.5至2.5米，路面为弹石、石板、青砖，街道一侧为排水明沟。小巷幽深，民居多深宅大院，建有许多门楼高墙，雕

东园公祠砖雕门楼为原构建筑

梁画栋，构筑精细，规模宏大，以清乾隆、嘉庆年间的居多，现存明清建筑三十多处，敬修堂、栖贤巷门、徐氏祠堂等最为经典，被先后列为江苏省文物保护单位；敬修堂为一路六进的高墙深院群体建筑，沿中轴线分布有门厅、大厅、楼厅、住楼等单体建筑，各进建筑均以砖雕门楼及墙垣隔成单独的单元。封闭型的空间结构，反映出宅院主人的内向与防御心理。多进厅堂之间的天井、庭院，利于采光、通风、排水，功能齐备。其他如萃秀堂、敦和堂、学圃堂、孝友堂、慎思堂等十余座老宅宅大院深，亦有异曲同工之妙。

东村因东园公隐于此而得名。东园公祠位于东村大街东侧，始建于宋宝祐二年（1254），清乾隆四十二年（1777）重修。原有房屋三进，后大部分建筑被废而逐步改建；现存一座砖雕门楼为原构建筑，可见“东园公祠”砖雕题字的前三字，内侧“商山领袖”砖雕题字完整。

后埠，最大的特征是藏风聚气的三面环山之势

后埠街景

金庭镇后埠，原名胜利大队，古称“梅梁里”，西山岛东北部偏僻的湖中山村，西山最早、最大的南渡移民村之一——

最大的特征是呈藏风聚气的三面环山之势：村庄坐落在西山岛的渡渚山与黄渎山东侧的冲积平原上，东、西、南三面环山，东北唐介山，周围遍植梅树和枇杷树。

村中有东西向的后埠街和南北向的孝子街，构成十字形框架。东至承志堂，西至费孝子祠，南至黄渡山山脚，北至古河埠，街道总长1000米，宽1.5至2.5米，路面为青砖、弹石、石板，街道一侧为排水明沟，两旁的古宅以清代建筑为多。村内保存有明清建筑十余处，面积约5000平方米，其中井亭、承志堂两处为市级文保单位。

后埠街北侧有蒋氏里门，始建于元代，明天顺三年（1459）重建，由当地蒋家出资建造，为进入后埠的入口；因原有大门颜色乌黑，俗称“乌门”。现存青石门柱两根，高约3米，为元代遗物。2001年重建，基本

费孝子祠修复前后

恢复原貌。“双井”井亭附近还有一处徐家巷门，巷门虽失，门座石则属宋代的遗物。

“双井”井亭西南、孝子街侧，便见费孝子祠，始建于清嘉庆二十三年（1818）。原有房屋三进及嘉庆皇帝亲书“笃行淳备”的石筑牌坊，现存门楼和大厅。门楼比较简洁，两坡小瓦屋面，带勾头滴水屋檐，砖细门楼上饰有浅浮雕寿桃、灵芝、兰花等图案，纹饰纤细，明显带有乾隆年间的装饰特征。八字形门墙，砖细贴面，下置青石束腰竹节须弥座。门槛青石筑成，“壶门”形式。2019 年重建了大厅和附房，大厅面阔三间，进深七界，两坡硬山造。2022 年将祠堂布置陈列为孝德文化馆，对公众免费开放。

明代后因禹期山前的湖湾设石码头，山后设停泊船只的船埠，村落逐渐更名为“后埠”，至今留有极好的港驳岸。

这里是洞庭山“南渡”时最早移民大屯之一，宋代时村落就有千人规模，明代人口最盛时达 2300 余口，形成一个小集镇。

植里，村落的肌理生长脉络，沿着植里古道线性发展

秀之堂砖雕门楼原构

金庭镇植里，位于西山岛北部，包括植里、夏泾两个自然村，典型的湖滨山村聚落，属背山面水的风水绝佳处——

北面是连绵山体，西面是水体。村落的肌理生长脉络，沿着植里古道线性发展，一字排开布局，西邻太湖，北靠貌虎山、扇子山，山麓种植各类果树，春天野花竞相开放，果树成熟时花果飘香；南面有缥缈峰余脉凉帽顶、大昆山，南部环山公路与西山镇区相连。

街巷以东西向的植里街和南北向的永丰街为主，东至罗家祠堂，西至大圣堂，南至公路，北至秀芝堂，街道总长1500米，宽1.5至3米，路面为青砖、弹石、石板，街道一侧为排水明沟；古街两侧现存明清时期仁寿堂、秀芝堂和民国时代的民居近20处，面积约8000平方米，民居布局与山村环境融为一体。秀芝堂是目前尚存、体量较大的清中期群体民居建筑，占地面积达630平方米，有门厅、大厅、楼厅一路三进，大厅前塞口墙正中，设"嘉庆乙亥"年款门楼一座，镌刻"怀德维宁"铭文。

植里古道位于村落南侧，建于清道光十四年（1834），由当地村民共同集资修建，长158米，宽1.50米，高1.55米，顶部用448块长150厘米、宽35厘米、厚20厘米的花岗岩条石铺筑，平正笔直，两旁都是稻田。古道之北为永丰桥，始建于宋代；桥边有三百年三叉古樟一棵，干矮叶茂，形如巨伞。古道、古桥、古樟、小桥、流水、人家，构成一幅典雅的天然图画，被誉为"最美村口"。

村落约形成于南宋末年，居民多李姓，大多为南宋工部尚书、平江知府李弥大的后裔。

1. 植里『最美村口』
2. 植里古道位于村南，初建于清道光十四年

1
2

堂里，缥缈峰的最佳入口位置，背后是万顷碧波的太湖

当年徐氏大族及一些达官显贵到堂里大兴土木、造房起屋，堂里因此得名

金庭镇堂里，位于西山岛西部湾麓——

地处缥缈峰南坡水月坞前庭，是缥缈峰的最佳入口位置，湖湾经过，背后是万顷碧波的太湖，方圆一里，村落聚落呈条块状分布，环山公路穿村而过，是村落与外界联系的唯一通道，街巷宽度都较为狭窄，内部道路“街—弄”传统格局清晰，街道呈“之”字形，路面以条石与青砖侧砌而成。现存明清传统建筑二十几处，与古桥、古泉、古遗址、古树融为一体。

名为“延福涧”的一条水道自南向北贯穿全村，直通太湖，全长 1.5 公里，山涧两侧以当地产的紫云石叠砌成驳岸和河埠，既是村里的泄水之道，又是村民日常洗涮之地。水涧上一共有武康石、青石、花岗石构筑小平桥 12 座，分别命名为延福桥、积善桥、仁寿桥、接云桥、广仪桥等。造型优美、古朴典雅。

其中位于最北边的，即通往太湖出口处的江湾口，是“玉虹桥”，又名“抱村桥”，始建于清代，民国三十二年（1943）重建，桥首两侧刻有“玉虹桥”及“民国卅二年四月重建”等字样。东西向单孔石拱桥，长 14 米，中宽 2 米，跨径 3 米，两侧花岗岩条石踏步，桥栏、桥面有部分改动，青石桥额、桥联，花岗石拱圈，纵联分节并列砌筑。桥上有一幅广为流传的柱联：“求天多生好人；愿人常行好事。”因桥的顶部拱形与桥底拱形浑然一体，倒影如珠，当地人亦称“鸭蛋桥”。

隐居缥缈峰间的水月坞

从古桥沿着江湾向前几百米，就是太湖出口处堂里港湾，湖水荡漾，芦花洁白，渔船点点，一个巨型石埂伸入太湖，就是“堂里古码头”，也叫“琴山石堤”，表面用独块花岗岩大石铺成，每块长 3.4 米，阔 0.5 米，厚 0.32 米，一共用了 130 块条石，全长 75 米的护堤，成为往来渔船的避风港湾。因清末时曾用作西山驻军专用码头，故又称“太湖营军用码头”。2005 年被列为苏州市控制保护建筑。2019 年修复后，古码头成为网红打卡地，旅游观光、婚纱摄影者众多。

向南沿山间小道而上，半里左右就是水月坞，满坞果树竹林，葱葱郁郁，“百阶层”为一条山石叠砌有数百年历史的古老山径，山岭道路蜿蜒曲折，忽高忽低，翻山可见幽谷群山，是很好的探秘寻幽之处。游人可从南边山坞攀登缥缈峰，北面的缥缈峰一路盘旋到山顶，摩崖累累，泉水清澈。

徐氏是堂里大族。《堂里徐氏支谱》记载，宋乾道五年（1169），徐嘉任平江知府，他是一位智勇双全的爱国重臣，喜好苏州山水，多次到西山堂里等地游览，并嘱其子“异日必葬我于是”。徐嘉死后葬于堂里，他的儿子徐大本留下守墓，于是大兴土木，筑建墓庐、厅堂、房舍、宗祠、桥亭。当时一些达官显贵纷纷效仿，到堂里造房起屋，堂里由此得名。清乾隆后期，堂里被称为“三名堂里”，沁远堂、容德堂、仁本堂三堂名声显赫，现保存完整，布局各有千秋，雕饰精美，尤以砖雕、木雕见胜。

金庭镇明月湾，西山岛上最古老的村庄，位于西山岛南端。状如一弯新月——

三面环山，一面临湖，犹如坐一把太师椅，两手扶撑，面对一湾湖水，堪称“三山汇聚”。

其布局的高明之处，在村落正北、东北方位，分别是海拔67.2米的南湾山主峰和海拔101米的潜龙岭主峰，村落东面位置，是潜龙岭余脉山峰，高68.9米。三山分布，拱卫其后、其右；更蹊跷的是，村庄以南还有一座不知名的小山丘，山峰高仅14.2米，画龙点睛一般突兀于村落正南位置，呈现呼应之势。从无名小山、南湾山主峰之间画一条连接线，恰好与村落中轴线重合，轴线方向南偏东60度，北高南低，明湾主街“天

门对地户”“相山择地”的做法耐人寻味。村落内部两条南北向主街为“阳”，多条东西向的街道相对为“阴”，整个村落这种“井”字棋盘布局，背后或有阴阳、奇偶对称的堪舆设计思想。

村落东起明月寺，南至太湖，西到明月湾，北抵画眉泉，呈现“依山面湖，棋盘街巷”的格局风貌和典型的湖湾型村落形态。受自然地形的局限较小，村落占地面积比其他村落都大，大型住宅也多，“以祠为核，以街为轴”的街巷格局，是江南地区文化交融、多宗族聚居空间形态的典型代表。

村内设南北两条东西走向的主要街道，两街之间有多条横巷，纵横交叉，井然有序，俗称“棋盘街”。街面均以花岗岩条石铺设，下为沟渠，

明月湾，得天独厚，堪称“三山汇聚”

修复后的明月桥

“西施画眉泉”遗迹，传说西施面一池山泉，以泉水为镜打理妆容

清乾隆三十年（1765），村里共用4560块花岗条石新修了这条主街，于是有了“明湾石板街，雨后穿绣鞋”的民谚，这种“上可通行，下可泄水”的排水系统，彻底解决了三面环山村落的泄洪难题，是古人“村湖一体，住防一体”营村智慧的集中体现。街道两旁多明清建筑黄氏宗祠、敦伦堂、瞻禄堂、瞻瑞堂、礼和堂等，是村民居住、生活的见证和记录。

横跨在村口河湾之上的明月桥，始建年代不详，现存建筑为民国十二年（1923）重建，为花岗石质梁式平桥，平直轻巧，桥长7.9米，桥堍宽1.68米，桥面宽0.86米，跨度4.26米。

寨门，俗称“更楼”，原建筑已毁，2005年于原址重建

寨门，俗称“更楼”，是村落安全防卫设施，其始建年代不详，明嘉靖年间在防御倭寇侵扰时曾发挥重要作用。原建筑已毁，2005年斥资于原址重建，门楼上题“明月湾”三字。

《苏州府志》记：“吴王玩月至此。”两千五百多年前的春秋时期，吴王夫差携美女西施在此共赏明月，村落故得名。山中有“西施画眉泉”遗迹，传说西施面一池山泉，以泉水为镜打理妆容。

明月湾吴、邓、秦、黄四姓祖先都较为有名，多为宋代南渡而来的世族巨室。现在村中均有宗祠，除吴氏宗祠有待修复外，其余都于原址进行了修复和重建。

明清两代，明月湾出了许多“洞庭商帮”的人物，经商致富。清乾嘉时代，国力强盛，明月湾也达到了鼎盛时期。

东蔡、西蔡、秦家堡三村绵延相连

东蔡、西蔡、秦家堡街巷拾影

西山消夏湾村落印象

消夏湾地区，西山岛的另一个村落聚集之地，明清建筑众多，有西山最大的湖湾，亦称“九里湾”，又名“众安里”；三面环山，面临太湖，背倚缥缈峰，湖湾因此得名。春秋时因吴王夫差不耐暑热，携西施寻佳地避暑，来此消夏并建有行宫。旧时遍植荷花，有“十里荷香”之称。明清时代也是西山八大胜景之一，即“消夏渔歌”。湾外有六座小岛散落，是太湖秀色和古吴遗迹集聚之地，周边有瓦山、水平王庙、霖泉、西施井等古迹遗存。

金庭镇“湾里”三村，由东蔡、西蔡、秦家堡三村绵延相连，处于消夏湾中间的最佳位置，沿消夏湾呈带状分布——

东蔡、秦家堡及西蔡村落之间有两条古街道，村民把村北的一条古街叫“上路”（也称砂条街），另一条村南的古街叫“下路”（现处在民宅间）。而最为著名的“上路”宽 2.5 米，长达 2 公里许，为清代时蔡氏发起所建，

春熙堂花厅、花园入口

用青石、青砖和花岗岩条石铺设规整，路面两侧建有水道疏通。为保护这条古街，前几年对秦家堡西至西蔡东的“青桥头”一段路面进行了修复。

古街之外，村落南北走向的若干条古巷，有的笔直，有的折弯，有的斜坡（山势），宽窄不一，人车混行，和古街串联成村落的脉络而四通八达。东西向的东蔡、西蔡古街大多由石条砌成，局部为水泥路，道路普遍较窄。山中植被繁茂，山脚有茶园、果林，大量农田、鱼塘随处可见，环岛公路穿村而过。

东、西蔡等村落错落有致的古巷深宅中，曾有分属不同姓氏的88个堂（屋），其中蔡氏建造的堂（屋）就有34个。现在保存较好的清代店铺有4处；苏州市文物保护单位有5处，分别为诸暨郢墓、秦仪墓、爱日堂、春熙堂及畲庆堂。其他文物点有十多处，为慎余堂、礼耕堂、润德堂、秀则堂、嘉福堂、敦好堂、敏德堂、凝秀堂、春熙堂楼厅及住楼、振秀堂、思家堂、启秀堂、夏王庙等。西蔡有一处清代民宅树德堂门楼上方的砖雕，刻有雍正年间隶书体“包山钟秀”字样，距今已有300年。东蔡春熙堂、西蔡爱日堂与秦家堡芥舟园等清代建筑，其规模或风貌虽已不比当年，但通过保护性修复而获新生。

龙泉嘴再现“活态乡居”

吴江村落印象

吴江地区属于典型的“水乡泽国”，辖域内有大小湖泊数百个，河道纵横，水域面积占全区总面积的三分之一；地理上毗邻太湖，众多港湾连接太湖，是影响吴江传统村落成形、发展的关键因素之一。这里的传统村落因靠近太湖水路而交通便捷，有的逐渐演化为小型地区性商品交易集镇，具有商品交易功能；有的恪守农业生产传统，以养蚕、稻作为经营之本。

吴江属于传统水稻种植区，历来精耕细作、改良土壤、兴修水利体系、轮作种养、综合利用，平畴千亩之地，汇聚人家几十，民居临河沿街，与园林合二而一，凡宅必有园，黑瓦、白墙、砖石木构。蚕桑种植也发达，目前为国内重要的丝绸贸易原产基地。

盛泽镇龙泉嘴，亦称“龙泉址”，连接南北麻漾的大泾港穿村而过，水路便利，面积 2.3 平方公里——

龙泉嘴地形像龙的说法由来已久，龙泉嘴向南凸出的地方是“龙头”，

重修 80 米老街

东桥西桥为“龙角”，两桥桥洞为“龙眼”，两桥侧岸为“龙耳”，东边的白士港、白马港和西边的横港、王家港是四只“龙足”，尾部一直延伸到北麻漾。

村落形成于明代，距今已有 600 多年历史。2020 年，政府对龙泉嘴进行了保护性修复，老街两侧房屋屋面、木门框等都已翻修，古桥、石阶等均作修缮，再现老屋、古桥、石阶、原住民的“活态乡居”。

村中心一条东西走向的老街，长约 80 米，宽不足 2 米，街两侧有店铺和民宅数十间，有杂货店、裁缝店、理发店、茶馆和棋牌室等，店房大多为平屋，单开间，有的还保留着旧时排门板样式。

街东龙泉桥，俗称“东桥”，为拱环形石桥，始建于元末明初，重建于清光绪三年（1877），1984 年坍毁改建为钢筋水泥平板桥。龙泉桥建造考究，外形美观，跨径 16.5 米，宽 2.4 米。桥有二联：“寺庙林立似佛地；进香拜佛胜杭州”“西达頔塘过估客；北临麻漾泛渔舟”。

街西“双龙桥”，俗称“西桥”，梁式三孔，东西向跨西港，始建于清代，重建于民国二十二年（1933），为吴江区文物控制保护单位。

街西“双龙桥”，俗称“西桥”，始建于清代，重建于民国二十二年

桥跨径 13.7 米，宽 1.8 米，桥有二联：“势若垂虹练横蠡泽；光同浩月珠涌龙泉”“道出岨塘无病步；源由烂水有归津”。

街北宝德桥，系一拱石板桥，桥跨直港，东西走向，始建于清初，重建于民国三十二年（1943）。桥跨径 10 米，宽 1.5 米，桥联为：“穆水长流道通南北；龙泉匹练地接东西”“北达麻源欣利步；西通笠泽庆安行”。

老街东北原有崇义寺，俗称北麻寺，建于宋乾道年间，遗址有一株古银杏树。

该村的集市，形成于明清两代。这里西港与北麻漾相通，早年间是北麻漾南岸一带桑苗、丝经以及各类菜蔬、水产品的集散地，农副产品集市兴旺，周边村民摇成的丝经，育成的桑苗、桑叶、鱼虾都在这里售卖、交换。民国年间，这里仍是桑苗、丝经的重要集散地，上世纪 30 年代末日军侵占震泽镇后，不少居民到该地避难，有大小商店 20 多家。

传说明朝初年，刘伯温曾来此观测风水，发现了“龙形”。虽然后来此处风水被刘伯温所破，但自“龙形”的故事发生后，就改名为“龙泉嘴”了。

溪港口新建牌楼

平望镇溪港，坐落太湖之滨，地处平望镇西北端，南临沪苏浙高速公路，与浙江横扇镇东部接壤，是进入太湖的必经要道之一——

始建于春秋战国时期，距今近2500年历史。民间有“先有溪港，后有平望”之说，是典型的平原河网村镇集市，至今保存完好的传统建筑如刘猛将军庙、东林桥、周家厅、李八爷旧宅等，共2750平方米。

村落有主河道，名“韭溪”，两岸民居夹水而居，村落形制清晰。

河上一座东西走向拱形单孔石桥东林桥，初建于元代，明嘉靖二十四年（1545）重修，清顺治三年（1646）、清嘉庆三年（1798）再修，为吴江区文物保护单位。纵联分节并列法砌置，花岗石瓦以青石构建，桥长12米，中宽2.18米，净跨4.4米，矢高3米。桥面存立柱4根，有桥联：“浩渺波光涵笠泽；参差帆影接莺湖。”

桥的西堍，当年是溪港老街最为繁华热闹的地方，店铺林立，现尚存两幢清末、民国老宅。一幢名“周家厅”，一幢俗称“李八爷旧宅”。周家厅原建三进，现存两进。第一进已毁。一、二进之间有三层砖雕门楼，雕刻精细，横额已磨损。天井花岗石铺地，两侧有两层五界的厢房及眉

李八爷旧宅，沿街临河

刘猛将军庙与东林桥构成了水乡特有的“桥庙景观”

毛天井。第二进为两层坐北朝南的正厅，面阔五间，进深九界，落地长窗，楼梯、楼板为木结构，方砖铺地。穿、枋雕刻细腻。二、三进之间亦有砖雕门景，横额可见“德广日新”字样。后三进仅存西侧厢房及平屋三间。

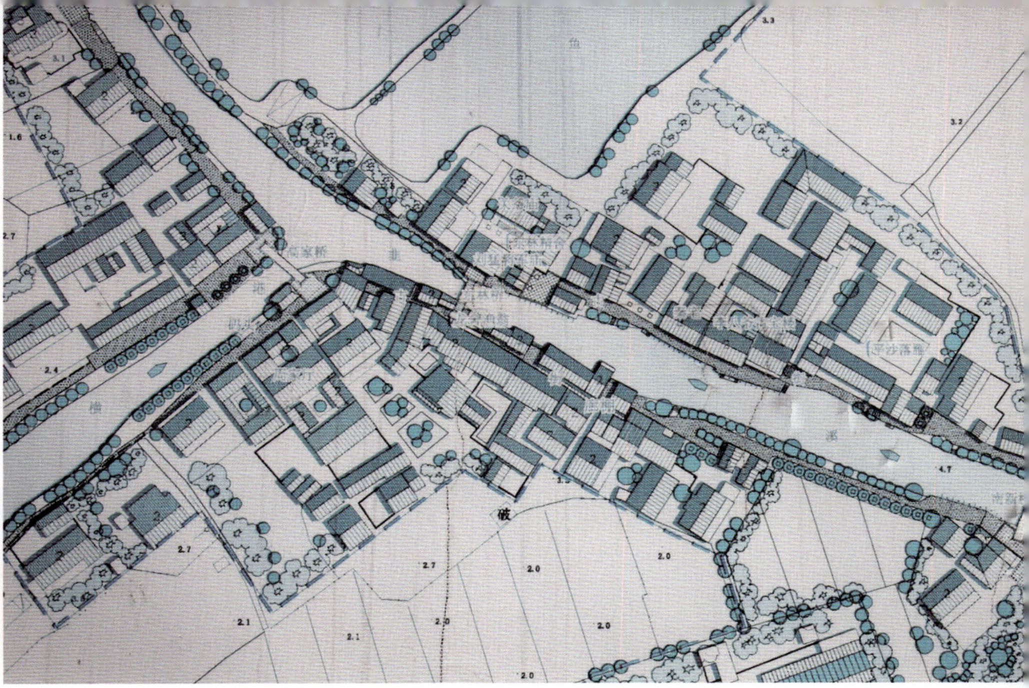

置于村口的建设规划图

后门外即“韭溪”。整幢建筑前后都能走通，俗称“走马堂”。

李八爷旧宅坐东面西，沿街临河。原建三进，临河建有廊棚，现存沿街一进，两层楼房，面阔四间，进深七界。下层面街全部为玻璃落地长窗，上层为木格花窗，木质柱、枋、穿，雕有四时花卉图案，宅楼东南侧有两层厢房，可见当年之气派。

由“李八爷”李常恩于民国元年（1912）所建。李常恩，溪港大地主，民国时期任吴江县参议，是县里显赫一时的人物。李八爷旧宅曾是“陈重堂”中药店，1949 年后，平望供销社开设溪港商店，供应棉布、百货等生活资料。

桥的东堍，有刘猛将军庙，又名东林祠，吴江区文物保护单位，为祭祀元代驱蝗虫能手刘承忠将军所建。初建于元代，清同治年间（1862—1875）重建。该建筑坐北面南，现存山门、刘王殿各三间，均为悬山顶，山门面阔 7.1 米，进深 4.55 米。刘王殿面阔 8 米，进深 10.2 米，殿内梁拱间雕刻龙凤、蝙蝠等图案，极为精美。原在山门墙上砌有“禁赌碑”一块，现已丢失。

刘猛将军庙与东林桥构成了水乡特有的“桥庙景观”。

韭溪，相传吴越争霸时曾经在此屯兵而著名。“韭溪八景”，即平沙落雁、芦渚新涨、溪桥晚眺、东林精舍、龙舍渔翁、庙塔灵词、精读夜泊、远浦归帆，令溪港人引以为傲。

近年来，随着社会经济的发展，溪港开展河道整治工程，疏浚河道总长 1300 米，建生态坡 1582 米，绿化 11180 平方米，韭溪河两岸面貌焕然一新。

昆山村落印象

人烟稠密的村庄，往往有大片农田、作物可以耕作，基础水利设施修建完备；交通便捷具有境域优势位置的地区，依河道而建筑住宅、街道，修桥铺路，集市商贸自然形成，大型村落有宗教庙宇道观和地域性的神祇崇拜场所。尤其明清以来苏南农村地区丝绸、棉麻、布帛种植，手工纺织业逐步壮大，令一些村落经济繁荣，不再限于小农经济、自给自足的消费模式，市镇大量出现，农村经济活跃，提高了地区消费水平，商业活动得到衍生。

其现存的传统村落，几十上百户人家，小桥流水，符合平原地区河网纵横的地理特征。与常熟、太仓地区大同小异，民居没有过多的繁缛雕饰，深墙大院，街道临河的小户人家，多门楣较矮而进深，随地形蜿蜒拓展，自有安逸、祥和的韵味，村落自然散落于锦绣大地江南，风水上水土皆备，也是富有诗意的日常居住空间。

锦溪镇张家厍，位于昆山市锦溪镇东南，紧傍五保湖，距今已有2000多年历史，祖宗先辈以耕种、烧窑、捕鱼、纺织为生——

这个有着近500户人家的村庄根据地理条件划分为张南、张中、张北三个部分。民居相对集中，是江南水乡特色的粉墙黛瓦风格。村庄水网密布，整个村落呈“回”字形，基本家家沿河而建，具有典型的“小桥流水人家”的江南水乡特色。

村西口有一座小寺庙，格局不大，却有着1700多年历史，在三国时建成。经风历雨，几经修缮，现在的庙是耗资10万有余在原址重新修建的。

昆山地区现存的传统村落，几十上百户人家，小桥流水，符合平原地区河网纵横的地理特征

张家厍水网密布，呈“回”字形

张家厍不仅有历史有故事，还有独具特色的民俗文化。国家级非物质文化遗产锦溪宣卷的传承人王秉中老先生就来自张家厍。他曾在1984年带着锦溪宣卷走进中南海演出，让中央领导充分感受到了地方文化的艺术魅力。

现在，为将非遗传承融入新时代文明实践，使传统文化焕发全新活力，村内的新时代文明实践站不定期举办宣卷表演，通过这种村民喜闻乐见的文艺表演形式，传播好声音、宣传好政策，涵养文明乡风、良好家风、淳朴民风。

张家厍原名“朱家村”，朱姓人家占半数以上。传说三国时代孙权的谋士张昭曾在这里屯兵筑粮，抗击敌军，重伤不治后水葬于村西的五保湖东侧。百姓为纪念这位豪杰英雄，即将村名改为“张家厍”。

赵陵广福桥为花岗石单孔拱桥，始建于明代

张浦镇赵陵，位于昆山市张浦镇西南，北依机场路、支浦江，西靠大直江，村内有赵陵江，村外有赵陵山——

赵陵村有优越的地理位置，向东通过机场路可以连接千灯古镇，向南连接古镇锦溪、周庄等，往西则有中华文明馆。借用这些地理优势，赵岭村在保护国家历史文物的基础上，将赵陵山良渚文化资源优势进行整合，还和昆山的农业旅游、文化旅游结合起来，形成特色旅游线路。

作为赵陵的最大特色，赵陵山良渚文化遗址被评为 1992 年“全国十大考古新发现”之一，被誉为“中国的土筑金字塔”。 2013 年被国务院核定为全国重点文物保护单位。赵陵山良渚文化遗址中出土的文物中有玉器、石器、陶器等。

在出土的大量陶器中，有多件镌刻着精美的纹饰。镌刻在陶盘上的

赵陵山良渚文化遗址被评为 1992 年“全国十大考古新发现”之一，被誉为“中国的土筑金字塔”

一幅奇妙图形，经专家多方考证后，被认定是赵陵宗族的族徽，此图后被称作“源极图”，认为是后期“太极图”的原型，所以具有极高的文物价值，也说明了赵陵山先民具有出类拔萃的创造性智慧。

另外一件珍贵的出土文物是被称之为“透雕人鸟兽玉饰件”的玉器，这是中国迄今出土的时代最早的人鸟兽图案透雕精品，为良渚文化玉器之珍典，被南京博物院从 42 万件馆藏文物中甄选为“镇院之宝”。

考古专家认为，赵陵山良渚文化遗址出土的文物，是良渚先民思维智慧的结晶，彰显着古老的良渚文化在太湖流域的辉煌，先人们在阡陌沃野中大踏步地走向文明社会。

除了赵陵山良渚文化遗址外，村内尚存具有 1200 多年历史的古寺——唐大中十年（856）僧宗德于赵陵山南兴建的兴福寺；始建于明朝洪武二十三年（1390），横跨时空 600 多年的昆山市第一批控制保护建筑——广福桥（俗称香花桥）等。广福桥为花岗石单孔拱桥，全长 17.3 米，桥面宽 12.7 米，孔径 4.9 米，桥体桥栏均完好无损。桥东一侧对联：“梵宇琳宫相辉映；波光山色正平分。”西侧对联：“虹腰恰锁吴淞水；雁齿高连玉岫云。”

张家港村落印象

张家港地区古称“沙洲”，北临长江出海通道，东南与常熟相连，南与无锡相邻，西与江阴接壤，与如皋、靖江隔江相望，全境地势平坦，河港纵横，是典型的“江南水乡”和重要的稻米产区。有学者根据不同的历史形态，将各地村落分为农耕、经商、文仕三大类。张家港地区的传统村落，当属于典型的农耕形态。经几大家族人力与巨资的投入，改良水利设施，增加圩田面积，免除水患、干旱等自然灾害，造就万顷良田岁岁丰收；同时扶植公益，铺桥修路，建立宗祠，兴建庙观，耕读并重，最终深刻改变了本地面貌，成为富庶之地，也涌现出如杨氏、张氏、陈氏、蒋氏、夏氏等富庶人家。

这些富庶人家遗存的明清建筑，如榜眼府第、杨氏孝坊、张宅、陈宅、蒋宅、夏宅等，还有诸多老街，在岁月侵蚀下日渐衰败，而近年一系列的综合建设工程又使它们魅力重现。

明代奚浦钱氏出巨资疏浚奚浦塘，让原来泛滥成灾的荒地不再遭受水淹，造就了良田连陌，成为恬庄最早的开拓者

今日恬庄古街主要分南北两条，呈直角形

凤凰镇恬庄，古名“田庄”，位于河阳山东麓2公里的奚浦塘畔——奚浦塘由此北通长江，得江河运输之便。以河为路，奚浦塘将恬庄与苏州、上海、杭州等经济中心及河网体系中无数市镇相连，存留至今的河街并行格局隐藏着最初选址的地理密码。

明代奚浦钱氏出巨资疏浚奚浦塘，让原来泛滥成灾的荒地不再遭受水淹，造就了良田连陌，成为恬庄最早的开拓者。

恬庄成市之初，仅有街道2条，居民300户。至清乾隆年间，发展到居民千户，商铺80余家，街道4条，总长1200多米。黄泗浦巡检司衙门亦驻扎镇上。上世纪50年代，恬庄曾为中塘乡政府和恬庄公社机关驻地。1976年冬拓宽奚浦塘，沿河街道、桥梁均被拆除，仅剩西街和北街。1985年以后西街拓宽延伸至204国道，又向凤西公路、204国道两侧开

街两旁建筑大多保留清代、民国时期的原有风貌

拓商业街，形成今日之恬庄。

今日恬庄古街主要分南北两条，呈直角形。北街是江南水乡极具代表性的石板路，长 280 多米，由 400 多块花岗石石板铺成，石板下有排水设施。街两旁建筑大多保留清代、民国时期的原有风貌，其中有三处极具代表性的清代建筑，北首为杨氏孝坊、榜眼府第，南首为杨氏南宅。杨氏南宅为清代仿明建筑。该建筑原来共四进：门厅、仪厅、大厅和后厅，现杨氏南宅为两层小楼，有侧厢，设内外天井。修复后建筑面积为 200 多平方米，以独立的院落、精巧的雕刻，展现了江南乡村富裕士绅人家宅邸精巧、安逸的居住环境。

2006 年以来，恬庄先后投入近 2000 万元对杨氏宅地（榜眼府第、杨氏孝坊、杨氏南宅）进行了修缮和扩建，使杨氏宅地保护面积达到

小巷深处的民居

修缮、扩建后的杨氏南宅

3500平方米左右，对中街“穿衣戴帽”。2010年下半年开始，又投入3500万元，实施了三期工程建设，主要对古街204国道东侧民居、南北街民居进行保护性修缮和立面改造，对中街南北街进行路面改造和三线入地，对南北街部分民居实施回购，恢复传统文化商业形态。目前正按古街“游”起来的目标，加速推进古街玉带河开挖、内部道路的沟通等三期拓展工程。

明清建筑，砖、木、石三材并重，宅院虽然风貌各异，但具有一定的基本形态和规律

第二节 永远的乡愁

苏州传统村落形态各异，有当年因通商交易形成的小市集，有捕鱼种植而兴旺的岛居村落，更多的是靠稻作农耕聚集而成的自然传统村落，各自依靠山水、地理优势，或安于春耕秋收的农业生产，或因为各种机缘掌握了某种工艺、技能而形成自己的经济发展模式。这些传统村落在历史长河中集聚财富，不论外出经营还是科甲兴旺，最后金钱财富多回流到世代居住的村落，最好的物质回馈方式是大兴土木，建造屋舍，修桥铺路，振兴自己的家园，从而形成今天关于乡愁主题的载体——传统建筑及其建筑空间。

往往依靠几代人的勤恳持家、积累壮大，不惜重金营建的大户人家、民居宅园，简朴、疏朗、雅致、清秀，与苏州古典私家园林在叠山理水中营造“虽为人作，宛自天开”的境界相一致，追求顺应自然、互为和谐、布局自由、形式多样、色彩淡雅、曲折幽深、透漏空灵。这种统一的风格是由当地工匠用同样的技术，反映同样的精神，就地取材，应时应地而形成的。建筑单体大多临河依水、体量小巧、形态多样、粉墙黛瓦。

明清建筑，砖、木、石三材并重，宅院虽然风貌各异，但具有一定的基本形态和规律。沿中轴线，“正落”“边落”各自展开，备弄相通；一般以方形“院”式平面结构加以各种翘脊的两坡硬山屋顶为主；主轴上，有照壁、门屋、轿厅、正厅、住楼、花园；天井，是各进之间的“留白”，树木水井，花草繁茂，富有生机；两边的“边落”还有花厅、书楼、客房、小花园。这样高门大院的深宅，属于大型住宅、富贵之家，多有显赫的世家科举背景，或是经商致富的大商人，地位显赫，财力充裕，而小型住宅仅一到两进。

屋顶为坡形， 出檐以适应江南湿润多雨的气候；

敞厅、天井、通廊的运用，使建筑内外既有联系又有分隔，达到开敞、通风、采光的效果

苏工木雕和砖雕

敞厅、天井、通廊的运用使建筑内外既有联系又有分隔，达到开敞、通风、采光的效果；曲折、狭窄的小街， 进深较大、室内较高的空间则是为了适应这里的三伏酷暑。建筑技艺保持鲜明的地域特色，精美的砖雕技艺装饰门楼、照壁，气派恢宏，一些宅第、民居，选择使用“满天星”方格式的蠡壳窗做法，以贝壳加工成透明薄片装饰窗格、采光，是明清时代江南建筑极具特色的做法。有的古建民居，受到地域影响，或多或少融合浙江、安徽等地各派建筑风格，兼容并蓄，堪称一时一地的营造典范。譬如三山村民居，一方面延续中原文化的“一堂二室”，立面为“三段式”的基本形制特征，另一面墙体多用空斗墙，外山墙采取硬山式山墙，屋顶戗角飞翔，门窗造型轻巧、典雅。

雕刻、彩绘锦上添花，门窗、门楼、屋脊、檩柱、梁枋间或刻或绘吉祥图案。雕刻种类繁多，主要有木雕、石雕、砖雕等。木雕中还可以分为红木雕、楠木雕、白木雕等。石雕以山石为材料刻出各种精细花纹图案。砖雕分明、清、近代三个时期。明代风格比较古朴，形式是浮雕或一层浅圆雕，景物前后紧贴。多借助线刻造型，画面内容强调对称。清代砖雕风格渐趋于细腻繁复，注重情节与构图。雕刻手法灵活多变，雕刻玲珑剔透，精细入微，创造了许多卓越的艺术珍品。民国时期的砖雕，精雕细刻，更富文化品位。

苏式彩绘继承宋代古制，花色变化多端，主要施于住宅、祠堂。至明清时期，苏州多建筑彩绘的艺人，内容有鸟兽、虫鱼、花果、山水、博古及人物故事、绫锦图案等，形成了秀丽雅致、自由活泼的风格，犹如一方方绚丽典雅的“锦袱”包在梁枋上，故有“包袱锦”之称。“包袱锦”有方形、圆弧形两种，多系在包袱内画花式各异的锦文，锦文之间相互贯穿，图案错综复杂，布局灵活，疏落有致，色调柔和而不用强烈的单色，常用浅蓝、浅黄、浅红等，并以装金为贵。苏州现存明代苏式彩绘主要保留在东、西山地区。

一砖一瓦，一木一石，从高墙院落、飞檐翘角，到每一处建筑构件的细节，无不凸现传统营造技艺的智慧与绝妙处

传统建筑的细节

传统建筑的遗存，是传统村落千百年原始信息最直观的部分，宗祠宅院、厅堂园林、老井古桥等，一砖一瓦，一木一石，从高墙院落、飞檐翘角，到每一处建筑构件的细节，无不凸现传统营造技艺的智慧与绝妙处。众多的传统建筑，尤其一些常用建筑构件不时出现在我们的生活中而不明所以。了解它们在建筑中的名称、位置、形态和功能，是品读传统建筑精华的基本密码。现作针对性的简要诠释，以便于本节第二部分《经典范例品读》的阅读和理解。

明间、次间、梢间　传统建筑的体量，一般以总面宽和总进深的数字来表达，或以面阔几间、进深几界来描述。“面阔”为相邻两柱之间的宽度，作为一间。居中的那间称“明间”，其旁边的称“次间”。多“次间”的，可分为“一次间”“二次间”“三次间”等。位于两端头的则称“梢间”。

梁架、梁　梁架主要由柱、梁、枋等构件组合而成，其中每一种构件都有特定的装饰手法与之相适应，不仅具有结构功能意义，还富有结构美与装饰美。民间建筑中的梁架常采用“彻上露明造”，将其暴露于外，或以装饰取胜。主色以彩绘、雕刻等手法表现，色彩丰富；或以素朝天，尽显材质与结构的本色之美。

梁是由柱或其他构架支撑的檐下，其截面的基本形式为矩形，在此基础上又有很多造型变化，形成多种梁的样式，如月梁、元宝梁等。不同结构位置的梁被冠以不同的名称，如抱头梁、挑尖梁、顺梁、扒梁、角梁、老角梁、仔角梁、太平梁等。各种梁常以木雕、彩画等作为装饰。

圆作、扁作　房屋的大梁、双步、川等构件，若加工成圆形，称“圆作”；若加工成扁方形，称“扁作”。一般圆作者为堂，扁作者为厅。厅屋架中不设童柱，而以牌科代之。前轩皆为扁作。

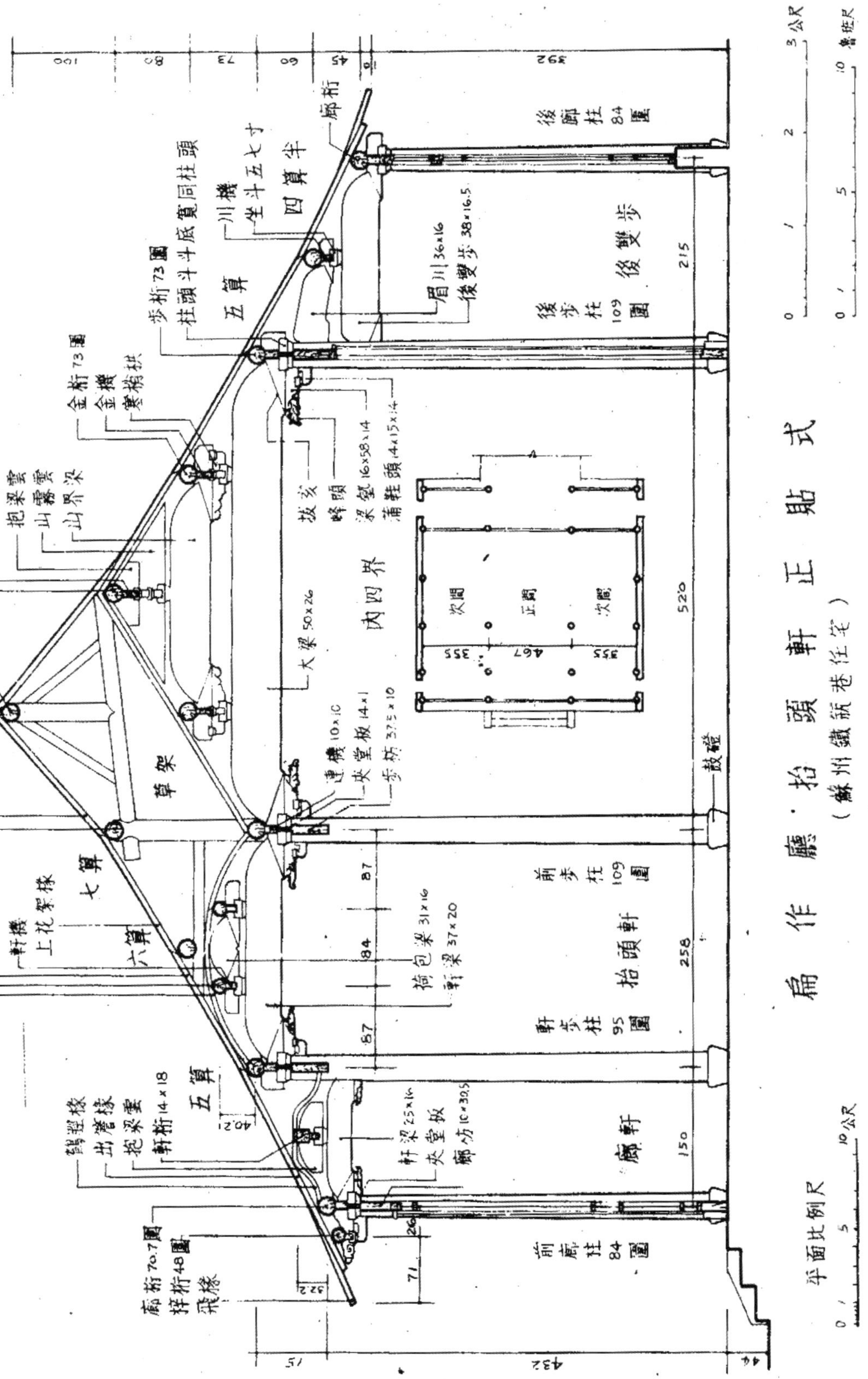

扁作廳·抬頭軒正貼式（蘇州鐵瓶巷任宅）

图片来源：《营造法原》

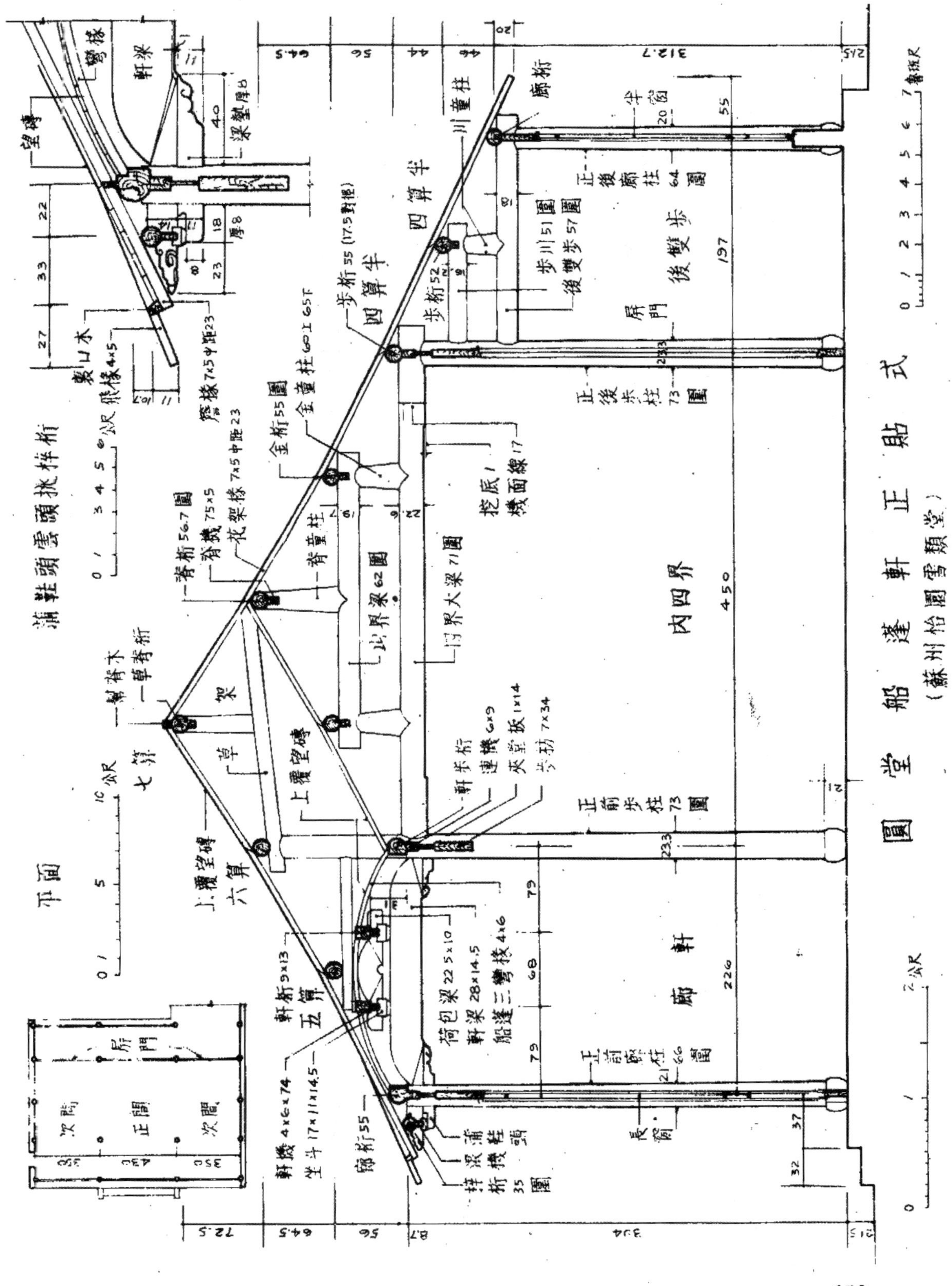

圓堂船篷軒正貼式

（蘇州怡園雪類堂）

杨湾轩辕宫斗栱

斗栱、牌科、大斗、座斗、栌斗、斗 斗栱，是木构架建筑结构的关键性部件，在横梁和立柱之间挑出以承重，将屋檐的荷载经斗栱传递到立柱，又有一定的装饰作用；又称“牌科”。同一建筑，体量较大的称“大斗”“座斗”或“栌斗”。

斗，可单独使用，小的称“升”，有“一斗三升”“一斗多升”之分，一般民居多用“一斗三升”。

屋顶能够建造得如此宏大，就是依靠斗栱的作用。

荷包梁 轩梁及回顶三界梁上之短梁，中弯起，作荷包状。

金柱、檐柱、步柱、童柱 脊柱与步柱间的柱子，称“金柱”。位于檐口的称“檐柱”。位于里边一排安装门或隔扇的称“步柱”。梁上矮小的立柱，称“童柱”或“侏儒柱”。

卷杀 唐、辽、宋、金之官式建筑上经常使用，而至明清，官式建筑已不用，但其南方民间建筑一直沿用。在柱的上端作加工，使之略带圆弧形，称“卷杀”。

桁 承椽的圆木，或呈长方形，驾于梁端或牌科之上。

双步 连两界置川童之柁梁，一端承桁，一端连于柱。

昂、脊檩 与斗栱配套的斜木称“昂”，运用力学原理支撑大屋顶，也有仅为装饰而作。顶部屋脊下面的檩子，称“脊檩”。

雀替、棹木、抱梁云、官帽翅、山雾云 设置在柱子上端，用来与柱子共同承受上部压力的一根短木，称“雀替”。其具体位置在梁与柱或枋与柱的交接处，考究的上有雕花。

棹木为架于大梁底两旁蒲鞋头上之雕花木板，微向外倾斜，似枫栱，尺寸较大。

为装饰美观而安装雕花的棹木，雅称“抱梁云”，俗称“官帽翅”。安装在山尖部位脊檩下的三角形雕花构建，称“山雾云”。

枋 是安置于各种柱头之间，以及雀替、斗栱之间，用于水平拉接各部位的一种木构件。位于大额枋之上，用于承托斗栱的一种扁平状枋，称“平板枋”；还有金枋、脊枋、随梁枋、正心枋、穿插枋等。枋是檐下装饰的重点部位，檐柱与檐柱之间的额枋，常施以彩画或雕刻，出头部分做成“霸王拳”样式。

草架、鹤颈椽、海棠椽、茶壶档椽子 为求得美观及冬暖夏凉之效，厅堂常做双层屋面。上层因封于下层内，做工粗糙，故称“草架”。下层屋面则做工精细，所设椽子按其形状，称为“鹤颈椽”“海棠椽”或“茶壶档椽子”。

挂檐板 又称“封檐板”，是贴挂在屋檐或楼层平座下的板状构件，用于封挡梁、椽或望板的前部，以使其外观平整美观。檐板砖雕的工艺与木雕相似，图案多为卷草之类的连续纹样，题材内容极为丰富。

走马板 传统建筑中将大面积的隔板，统称“走马板”，常用于庑殿建筑的大门上方、重檐建筑棋枋与承椽枋之间的大面积空间。

束腰 亦称“宿腰”。金刚座中部、上下荷花瓣之平面部分。

垛头、兜肚 垛头为山墙于廊柱以外部分，或墙门两边之砖磴。兜肚为垛头中部成方形或长方形的部分，其上雕刻各种花纹。

满轩 厅以数个轩组成，轩与轩之间以柱分隔，轩梁相连，高低随宜，上用草架。

锦袱 墙门上下枋子中央，施雕刻的部分。

匾额 悬挂于门屏上作装饰之用，反映建筑物名称和性质，表达人们义理、情感之类的木牌。一般为长方形的，从题字和安装来分，横向的为匾，竖向的为额。一般挂在门上方、屋檐下。当建筑四面都有门时，四面都可挂匾，大型礼制建筑正门上方的匾额都是必不可少的。从做工和形状来说，有斗形匾、清水匾、花边匾、雕龙匾、奇形匾等。

抱对 柱子上的楹联，有直接书写或雕刻在柱子上的，有把楹联做成木板挂在柱子上的。将书写楹联的木板做成圆弧状的称“抱对”。抱对的内弧与柱子的外皮弧度贴近，有钩挂于柱身。

荣春堂的鸳鸯厅（翁巷）

花篮厅、鸳鸯厅 为厅堂的形制。“花篮厅”前步柱或前后步柱不落地，悬在上空，柱下端雕刻成花篮形，既扩大室内空间，显得高敞，又增添了装饰性。

“鸳鸯厅”以脊柱为界，把房屋分为前后两个空间：前面的房间大梁为扁作，称“厅”；后面房间大梁为圆作，称“堂”；两者合称为“鸳鸯厅”。正贴与边贴脊柱全部落地，正间脊柱处设屏风以分隔前后，次间脊柱处设挂落或飞罩供后宅家眷出入。

荣春堂花厅的卷棚顶（翁巷）

卷棚顶、翻轩、回顶 指椽木弯曲的廊庑顶部构造形式，因其外屋面结构如船篷的屋顶称“卷棚顶”，而屋内厅堂前的一椽内饰以弯弧状的天花为内卷棚，也称“翻轩”。

“卷棚顶”在苏南地区传统建筑中亦称“回顶”，回顶建筑中间的一界称“顶界”，上架弯椽。顶界界深较浅，为两边界深的四分之三。“回顶”有深三界、深五界，分别称“三界回顶”或“五界回顶”；也有大梁、山界梁，“扁作回顶”在山界梁上按菏包梁。

萃秀堂的石雕柱础（东村）

鼓墩 鼓状之柱础，常为石质。

敬修堂的将军门（东村）

将军门 苏南地区传统建筑中的一种宅门，形制对称严格，气质威严壮观，很有尊贵感和礼仪感，装于门第正间脊桁之下。

轩辕宫的歇山式顶（杨湾）

歇山式顶、两面坡硬山顶、悬山式顶、砖搏风　指传统建筑的屋顶的式样。“歇山式顶”又称“九脊顶”，由一条正脊，四条垂脊和四条戗脊组成。“两面坡硬山顶”比较多见，高高的山墙通过檩来支撑屋面。

“悬山式顶”有前后两坡，从基座结构、柱网分布到正身梁架、屋面瓦饰、脊饰等与“两坡硬山顶”基本相同，所不同的是它的屋面悬挑出山墙以外，檩桁未被封护在墙体以内，而悬在半空，故又名“悬山”“挑山”，整体造型比“两面坡硬山式”更活泼一些。

“砖搏风”是用在山墙上端的砖砌，保护檩不受潮湿侵袭，也使单调、平淡的山墙墙面富于变化。

轩辕宫的“阴亭”须弥座（杨湾）

须弥座　源自印度，系安置佛、菩萨像的台座。唐宋时期发展成为由土衬、圭角、下枋、下枭、束腰、上枭和上枋等部分组成的一种叠涩诸多的建筑基座装饰形式。又称“金刚座”“须弥坛”。

诸多富户建筑高宏而深藏不露

大户人家以『堂』为名者众多

经典范例品读

其一，大户人家以“堂”为名者众多，建筑造型轻巧简洁、虚实有致、色彩淡雅、层次丰富、临河贴水，空间柔和而富有美感；其规格之高、范围之广、构筑之精良，非寻常小户可比。诸多富户建筑高宏而深藏不露，层次丰富的空间布局既便于远眺，又起到避外隐内的作用；砖雕门楼雕刻精湛，木质梁柱用料粗壮，结构稳固，是主人身份、地位和经济实力的象征。

明善堂大门是一个低调的石库门

明善堂大厅前的砖雕门楼、照壁

明善堂

位于杨湾古街经过的上湾，清顺治时为进士张延基的宅院，至民国时杨湾儒商朱鉴塘购得。集砖雕、木雕、石雕、彩绘等艺术于一身，为全国重点文物保护单位。东山的砖雕门楼以前山雕花楼的门楼为最，运用混水做法，而明善堂大厅前的门楼、照壁、赛口墙用混水做法，较前者早了三四百年。

临街而建，西南朝向，大门是一个低调的石库门，门楣上方按了一个线条流畅的扁担脊，或称“哺鸡脊”，乃主人身份和地位的象征。门口有回字形铺地，表示“路路通”的吉祥之意。

整座宅院分东、西两部分。西部有墙门、客厅、佛楼、仓房、灶间、井场等。各进房屋之间由天井、库门、砖墙相隔，自成院楼。东面的中轴线布列主要建筑，进门有轿厅，后有花园，过第一道园门，是专门接待女眷的花厅、辅屋；过第二道园门可到大厅，大厅左右带厢房；第三道园门原是五开间住楼，早年失火，被毁。各进之间有备弄相通，共有天井 15 个，每个天井设景观小品增添情趣和意境，同时利于采光与通风。如此形制已超过明代朝廷对三品以上官员庐舍的规定。

大厅面阔三间达 21.45 米，进深 12 檩近 13 米，外观为两面坡硬山顶，

大门门楣上方按了一个线条流畅的扁担脊，或称“哺鸡脊”，乃主人身份和地位的象征

青石作门楣，正中雕刻“笔锭胜”图案，寓意“必定胜出”

带砖搏风。屋脊中间塑花瓶和画戟，寓意“平升三级”，地面磨细方砖斜纹铺设，有青石台基。屋顶前有卷棚轩，后有复水椽廊；中间四架采用“荷包梁”，梁柱的接点施斗栱或童柱。所有木构件，包括梁、檩、枋、山垫板，都有包袱锦彩绘，图案华美，青石八角提灯式柱础气势不凡。

门楼、照壁、赛口墙，都以磨细方砖雕刻而成，是整座宅院最有价

所有木构件，包括梁、檩、枋、山垫板，都有包袱锦彩绘，图案华美

吉祥图案随处可见

值的部分，也是苏州地区明清砖雕的杰出代表。其中一幅砖雕锦地“寿”字，剔地浮雕手法制作出繁复精美的图案，里外两层，纹样连续展开，一气呵成，“回文”与“八结”横竖连续排列，各种体现书法之美的“寿”字图样点缀其间，寓意吉祥，气质高雅，工艺极为考究。

门楼简洁，单坡式屋顶，门垛以细砖开斗砌筑，青石作门楣，正中雕刻“笔锭胜”图案，寓意“必定胜出”。相对大厅的一面，作发戗牌科式，飞檐翘角，气宇轩昂；定盘枋上有“一斗六升”斗栱十攒支撑屋面，每攒斗栱带长长的象鼻昂，起到装饰作用。门楼匾额留白，匾额上方雕“渔樵耕读”，下深透雕“凤穿牡丹”，两边兜方分别镂刻“麒麟送子”“独占鳌头”，青石门楣上浅刻牡丹、山茶、金橘、芙蓉等折枝花卉，簇拥中心位置的“福”字。门楼西侧塞口墙四角的砖雕，荷花、牡丹、梅花、菊花、木槿等精细入微，写实功力与艺术处理完美融合，仪态万千；后过墙门上青石门楣石雕“欢天喜地”，布局疏朗，纹样简练，动物形象生动逼真，是不可多得的艺术精品。

照壁屋檐下的斗栱、飞檐、昂、戗等，均按门楼同样制作，左右墙面的抛方中间，分别雕镂“五福捧仙桃”“鲤鱼跳龙门”，墙基下的青石须弥座束腰处，分别浮雕“狮子滚绣球”“鸳鸯戏荷花”。

凝德堂、务本堂、松风馆

东山翁巷凝德堂，为全国重点文物保护单位。

这座明代建筑占地1050平方米，建筑面积872平方米，坐北朝南，临巷而建，是江南地区典型的明代晚期民居建筑群。

平面布局呈长方形，东西两端原设巷门，共三路四进，中轴线依次为门屋、仪门、大厅、后楼，左路有书楼、客房，右路有花厅、花园。各路建筑以墙分隔成相对独立的院落，院落空间以铺石板形式划分交通空间。

其建筑结构很有特点，尤其仪门，是门屋和大厅之间的院门，内外隔断，有官式做法风格，为硬山搏风两坡顶，外形像是木构牌坊，门两侧砌八字细形砖墙，门前后设砖细垛头，中槛宽厚，中央有一个“福”字图案，俗称“福寿墙门”。柱间置木枋，柱身前后用斜托出挑的瓦檐，称“雀宿檐”。

大厅面阔三间，进深七檩，前后带廊，东西各有小楼，架构梁柱制

凝德堂彩绘按梁、枋、桁、斗的大小、位置不同，绘有各式纹样，被誉为“江南彩绘第一堂”

作规范，气象沉稳，极具明代典式；内部梁柱之间有大柱连接，海棠曲线，保持宋代遗风。檐柱为抹角柱，柱础作青石提灯形。大梁五架，月梁形式，两端下部置梁垫，施以樟木。

88 幅彩绘是最精华部分，分布在大厅、仪门、门屋木架构上。彩画采用“下五彩”做法，形制为“包袱锦”和“如意纹箍头”，按梁、枋、桁、斗的大小、位置不同，绘有各式纹样，主体突出，用色雅致，是研究苏南地区明代建筑彩绘的珍贵实物，被誉为“江南彩绘第一堂”。

整座建筑布局合理，功能分明。门屋为诊病行医之铺面，大厅为接待宾客之场所，后楼为生活起居之用房，左右两路是读书、休闲之处。

这座宅院的主人，可以追溯到明代医学家吴有性家族。吴有性所著《温疫论》是中医发展中的一次重大突破，《温疫论》二卷完成于这座吴氏宅第，也就是凝德堂中。凝德堂宅前，原先有五间店铺，为吴氏药铺，当时吴有性是吴氏族长，所立《净志庵碑记》一块，于崇祯十七年（1644）砌入鹅谭庙墙内，至今犹存。

凝德堂正门气象沉稳

务本堂门当雕刻“喜上眉梢”“双狮戏珠”

务本堂，位于翁巷中部坪磐周围的传统建筑群中，是清初名园湘云阁的遗宅，因整座大楼用湘妃竹铺地而著名。

一路五进，门屋东西向，大厅和柱屋坐北面南。大门采用将军门形式，临街朝东，上有荷花、莲藕两方砖雕，精致古朴。门屋三间，进深七檩，较低矮简陋，仍有明代风格。砖雕门楼正面以水磨青砖镶嵌，线条简洁、柔和。门楼背面额方镌“克壮诒谋”。

大厅面阔三间，大梁扁作，下架棹木透雕云龙、凤鸟等，山尖施云龙纹山雾云；用料粗壮，因檐口较低显示稳固之感。厅堂中间左右明式隔楹，正背两面都贴锦布，着色彩；立柱上端四幅八块官帽翅上用黄杨木雕刻花鸟人物故事。

崇祯年间（1628—1644），弃官归里的翁彦博重金购十余亩地建造规模甚大的园林湘云阁。清康熙二十八年（1689），其子翁澍历时十载，在湘云阁务本堂著成反映太湖地区经济状况、人文历史的《具区志》16卷。

务本堂因年久失修，损坏严重，2000年经落架修缮，恢复原貌。

松风馆，位于翁巷平盘三茅弄西侧，约建于1918年至1922年间，占地约1600平方米，为清末民初画家席朴的别墅。

原有门厅、大厅、书楼、主楼、西住楼、花园等，现存主楼与西住楼两座建筑。主楼面阔三间，上下两层，飞檐翘角，造型别致，结构保存完整。楼上前廊设垂花板、竹节柱，楼下前檐置有垂莲柱，制作上乘。西住楼坐西朝东，面阔三间，后有厢楼及附房数间，雕刻精细。

敬修堂、萃秀堂

敬修堂位于金庭镇东村，为江苏省文物保护单位。建于清乾隆十七年（1752），为当地知名儒商徐联习宅院，乾隆时期江南地区具有代表性的民居群体建筑。

坐北朝南，深藏于四周黑色高墙封围中，库门沿街而设。青石门枕正面雕麒麟，侧面刻荷花，底部是如意花草。封闭型的空间结构，反映了宅主人的内向和防御的心理要求；高门槛的黑漆大门有意侧转朝东，或因风水观念或因避讳。

整幢建筑可分门厅、中厅、楼厅、大厅、后附居五进，占地面积达1703平方米，规模宏大。各进建筑之间均以门楼与墙垣隔成院落，形成相对独立的单元空间。这种多进住宅建筑以大厅后的门楼作为内外宅的界线。大厅是外宅的中心，楼厅是内宅的中心。前者为重大礼仪和接待贵宾之场所，后者为宅主人生活起居之地。功能分明，布局合理。

门厅面阔一间，进深四界，右折为轿厅，厅前庭院高墙顶部筑脊，墙正中有砖细匾额，镌“堂构维新”四字。轿厅单檐硬山造，梁架为三界回顶前后廊形式。明间后穿堂两侧有小天井，东、西次间砌木栏杆矮墙。

敬修堂共有4座砖雕门楼，文物价值极高

轿厅砖墙门做仿木飞椽滴水檐，下设回纹挂落，额方内镌“刿积连云”四字，左右两兜肚内雕满人物戏文故事，下枋浮雕“仙鹤祥云”图案。

中厅面阔五间带两厢，进深七界，为四界前廊后双步形式。厢楼东西向，面阔四间，进深四界。梁架为圆作，穿斗分心造。两厢楼前分别造带有六角形景观花窗的高墙，将厅前庭院一隔为三。明间前砖雕门楼的上下枋及两兜肚内雕满人物戏文故事，额方边框浮雕“仙鹤祥云”图案，内镌“世德作求”四字和“乾隆辛丑”年款。两侧荷花柱较短，顶部浮雕如意头，下端为花篮。

大厅，面阔五间，进深十檩，方砖直纹铺地，带两厢楼。梁架为前廊、前轩、内四界，后双步做法。明、次间前出檐较深，檐柱上端出龙头形短枋，施梓檩上承檐口。前轩船篷顶，轩梁扁作，下置梁垫；轩梁背设双斗承桁，双斗间置荷包梁。明、次间后步柱设落地屏门16作为隔断，裙板浮雕山水、庭院、花卉等图案。

楼厅名“凤栖楼”，面阔五间带两厢楼，都是两层楼，是敬修堂的内宅，金屋藏娇之地；楼下12扇落地长窗上雕12条代表不同月份的龙，为民居建筑中绝少所见。

庭院深深深如许

木雕精美

楼厅前有砖雕门楼，墙门朝外为挂壁形式，额方内镌“功崇业广”四字，两兜肚浮雕花卉图案，下枋浮雕“二龙捧寿”图案；墙门朝内为砖雕斗栱形式，上枋两兜肚浮雕戏文故事，额方内镌“美哉轮奂”四字和“乾隆壬申”年款，下枋深雕“鹿景图”。底楼前设格子长窗 18 扇，长窗裙板浮雕各类花卉，中央樘浮雕双龙、鱼类、戏文等图案。

多进厅堂之间设置庭院和天井，表面功能是通风、采光、排水，其深层次的功能则是人与自然结合的理念。庭院、天井把居住者的视线引向苍穹，天、地、人三者在视觉思维上成一直线，而产生“天人共在”的感觉。居屋形式把人与天隔开，而庭院、天井又寻找到人和天的通融之处。

萃秀堂砖雕门楼及花窗、厨房和古井，大厅苏式彩绘及木雕山雾云

敬修堂共有4座砖雕门楼，门楼及堂内众多建筑构件上，都有雕刻图案，尤其夺目，文物价值极高；图案内容丰富，从近景到远景，深达七八层，所雕景物线条流畅而刀法圆润，是民间艺人高超技艺的集中体现。

相传乾隆皇帝当年到西山微服私访，与村姑殷氏一见钟情。后殷氏生下乾隆的女儿，乾隆便命人建敬修堂安置母女俩。

萃秀堂位于东村东上62号，现为苏州市文物保护单位，是一处体量较大的清代民居群体建筑，布局巧妙。现有门厅、大厅、楼厅、后楼、客房、后楼。

大厅面阔三间带两厢计20米，进深九檩带前后双步廊计12.1米。大厅高敞恢宏，外观为两坡苏瓦硬山顶，花岗石基座，前设踏步四阶。厅内方砖正纹铺地，撤上明造，大梁扁作，其结点处均使用荷花坐斗、镂花连机，唯三架梁坐斗上施重栱，梁背饰镂雕“双凤呈祥”山雾云，脊檩两侧置镂雕抱梁云，大梁底部及两侧均刻双线弦纹，做工极为精细。三根脊檩均饰包袱锦“笔锭胜”图案的苏式彩绘，其金、红、蓝、白颜色仍十分艳丽。下金檩与额枋间施一斗三升牌科，拱垫板饰镂雕寿字花绘图案。金柱高4.55米，底径0.3米，青石鼓墩柱础，满雕缠枝、焦叶包袱锦式图案。柱上部出丁头栱，惜镂空蜂头、棹木已毁，柱端置栌斗，

边帖檩柱根根立地，柱头均施坐斗、连机。脊檩柱坐斗上也设重拱，饰山雾云。柱间用眉形及长方形穿插枋攀连，枋上刻变体如意纹饰，夹堂板镂空万字式木雕。穿插枋下墙面用细砖斜纹满铺，大厅前设满天星落地长窗，夹堂板及裙门均雕刻花绘。

大厅前有砖雕门楼一座，制作十分精细，形式为仿木牌楼式，上筑皮条脊，出方檐椽双层，檐下置一斗三升牌科，斗座雕覆荷叶花纹，拱垫板雕梅、兰、竹、菊。上、下枋及肚兜均涂雕人物典故，惜人像全部被敲毁，匾额雕回纹边框，额中题字难以辨认。两侧垂莲柱仅剩上半段方柱及仰莲柱头。

门楼与大厅间为天井，青砖回纹铺地，两侧砌变体海棠灯锦式花窗墙，花窗紧贴两层楼夹厢，楼上缩进半架，夹厢一端设三山屏风墙，与门楼照墙连为一体。

后楼两幢，仅用一条夹弄间隔，其体量不大，结构相同。前楼面阔五间带夹厢 17.5 米，进深七檩 8.8 米，后楼面阔五间 17.5 米，进深七檩 8.5 米；楼上为圆作抬梁式结构，楼下设落地长窗，楼上设槛窗。其后还有附房五间，面阔 17.5 米，进深 7.4 米，小楼一幢面阔 7.4 米，进深 3.2 米。

惠和堂建筑高宏

惠和堂

东山镇陆巷惠和堂，系清末在明代王鏊故居旧地重建。总面积 5000 多平方米，建筑恢宏，是东山地区现存结构完整、规模最大的宅第建筑。

进深五进，纵向三路。以中路为主轴，从南至北，依次为轿厅、大厅、堂楼、花园等。左右轴线上分别有门间、花篮厅、客厅、书楼、住楼等，由天井、内墙、库门等将之分隔。各个建筑空间宽大，尤其双层屋面的大厅，建筑高宏，上有“草架”，内层屋架的廊、轩及其构架均做精美雕刻，用料粗壮，多为楠木。

所有书楼均五开间两层，硬山带砖搏风；为底层的采光设计，楼上收进两檩，作为惠和堂特色所在。

书楼前的照壁全部用砖细做法，高达楼檐，居中抛方镶嵌明代原建筑中的“九狮图”圆形砖浮雕，是当时堂主身份的象征。九头狮子惟妙惟肖，憨态可掬。在今天已成为重要文物，作为惠和堂精华所在。

明正德四年（1509），三朝元老王鏊 60 岁时回归故乡建惠和堂居住，目前所见“惠和堂”据考证为王鏊后代子孙之作，为清代宅第的建筑风格。

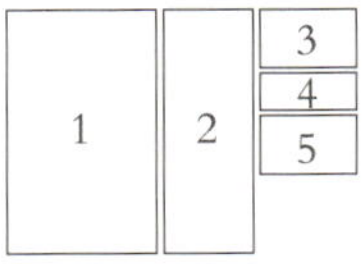

1.2. 天井、备弄，移步换景
3.4.5. 建筑细节精致

仁本堂造园风格简约，逸气十足

仁本堂、沁远堂、容德堂

西山堂里，人称“太湖有七十二峰，堂里有七十二堂”，镇上以徐氏为大族，有仁本堂、容德堂、沁远堂、树德堂、崇德堂、礼本堂、乐耕堂等清代宅第二十余幢，其中以仁本堂、沁远堂、容德堂保存较为完好。

其中仁本堂建筑体量最大，堪称雕刻艺术的殿堂，是苏州地区现存三座雕花楼中，年代最为久远的一座，故又得名“西山雕花楼”。

仁本堂最精彩之处在于它的砖雕、木雕、石雕

宅院坐北朝南，造园风格简约，逸气十足。2006年进行大规模的保护和整修，于2007年2月对外开放，占地2800平方米，建筑面积3000余平方米，可分老宅和新宅两大部分。

清康乾时期所建的老宅，原有七路五进，现存东、西两路。东路仅存楼厅，前有大厅基础及青石柱础。西路两进为书楼，后筑住楼，各路之间备弄勾连。书楼很有特色，位置正对窗外山岭，推窗可望见青山翠色，故名“见峰楼”，视野开阔，布局疏朗。

新宅为咸丰年间所建，分四路，中路保存楼厅两进，后幢楼上为走马楼样式，面阔五间13.3米。

仁本堂最精彩之处在于它的砖雕、木雕、石雕。据统计，有3000多件雕刻构件。大到丈余的梁枋、数尺的匾额，小到盈寸的窗花，石质的抱鼓、柱础，砖砌的照壁、门楼，木质的门窗等，无处不雕，梅兰竹菊、花鸟鱼虫、山水亭阁等惟妙惟肖，技法造型圆熟，分深雕刻、浅雕刻、镂空雕、圆雕、浮雕等，如此繁复的雕刻工程，竟无一雷同。

吉祥清供木雕

沁远堂砖雕门楼

沁远堂，位于堂里花园街，建于清乾隆年间，为苏州市文物保护单位。

宅院面西，东西长48米，南北宽33.8米。主体建筑大，布局精巧，雕饰精美，尤以砖雕和木雕胜出，是西山民居保存比较完好的代表作。

“将军门”形式的大门缩进一界成八字形，两侧墙面贴水磨方砖，下置青石须弥座，上雕龙凤、山水、梅竹等图案。北侧为正路，依次有客房、大厅、楼厅；南路依次有门厅、书楼、楼厅。

北路大厅前有庭院，高耸的塞口墙中部设砖雕门楼，墙面用水磨方砖贴面，上筑瓦脊，下设青石须弥座。大厅面阔三间12米，前后带轩，内四界扁作，梁枋雕人物花卉纹饰；厅内地面方砖铺地，两侧的墙以方砖贴面，并开砖细边框的边门，上有砖雕篆书门额。

容德堂，位于堂里河西巷，建于清咸丰年间，其坐北朝南、并排四路两进的布列形式在东、西山厅堂宅院中极其少见，具有较高的文物价值。

中路现存门厅及大厅，东路有楼厅两座，再东一路有附房，西路有面南、面东的书楼各一座。其中大厅的营造方式尤其特别：以“花篮厅”形制设计，满轩减柱造，步柱不落地，代以悬空的短柱，柱头雕方形花篮；前部轩施“茶壶档椽子”，后部为“船篷轩”。

容德堂砖石雕刻遗存

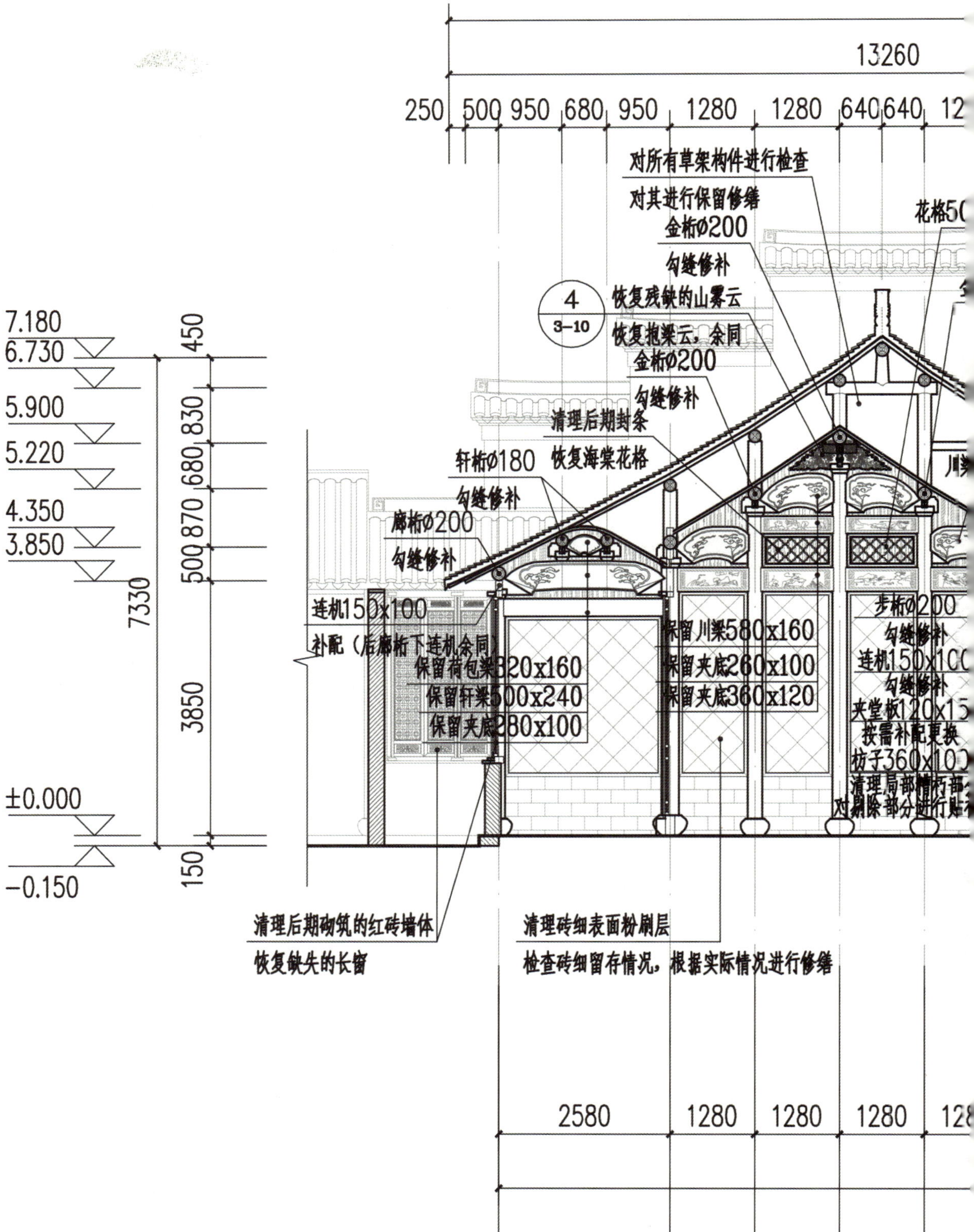

沁远堂大厅修复剖面图之一

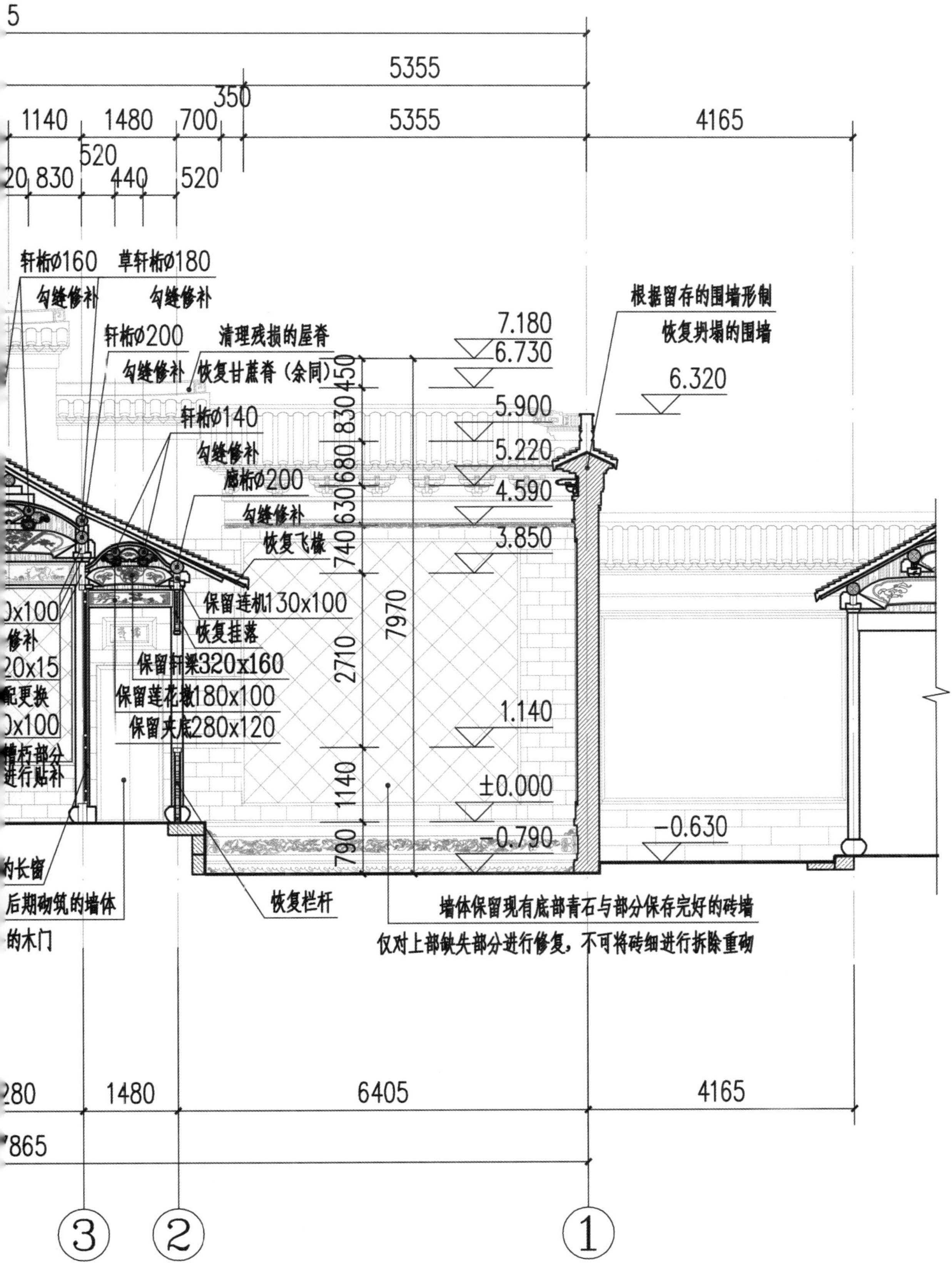
5355
5355
350
1140
1480
700
4165
520
830
440
520
轩桁ø160
草轩桁ø180
勾缝修补
勾缝修补
轩桁ø200
清理残损的屋脊
勾缝修补
恢复甘蔗脊（余同）
轩桁ø140
勾缝修补
廊桁ø200
勾缝修补
恢复飞椽
保留连机130x100
恢复挂落
保留轩梁320x160
保留莲花墩180x100
保留夹底280x120
根据留存的围墙形制
恢复坍塌的围墙
7.180
6.730
6.320
5.900
5.220
4.590
3.850
1.140
±0.000
-0.790
-0.630
450
830
680
630
740
2710
1140
790
7970
恢复栏杆
后期砌筑的墙体
的木门
墙体保留现有底部青石与部分保存完好的砖墙
仅对上部缺失部分进行修复，不可将砖细进行拆除重砌
1480
6405
4165
③
②
①

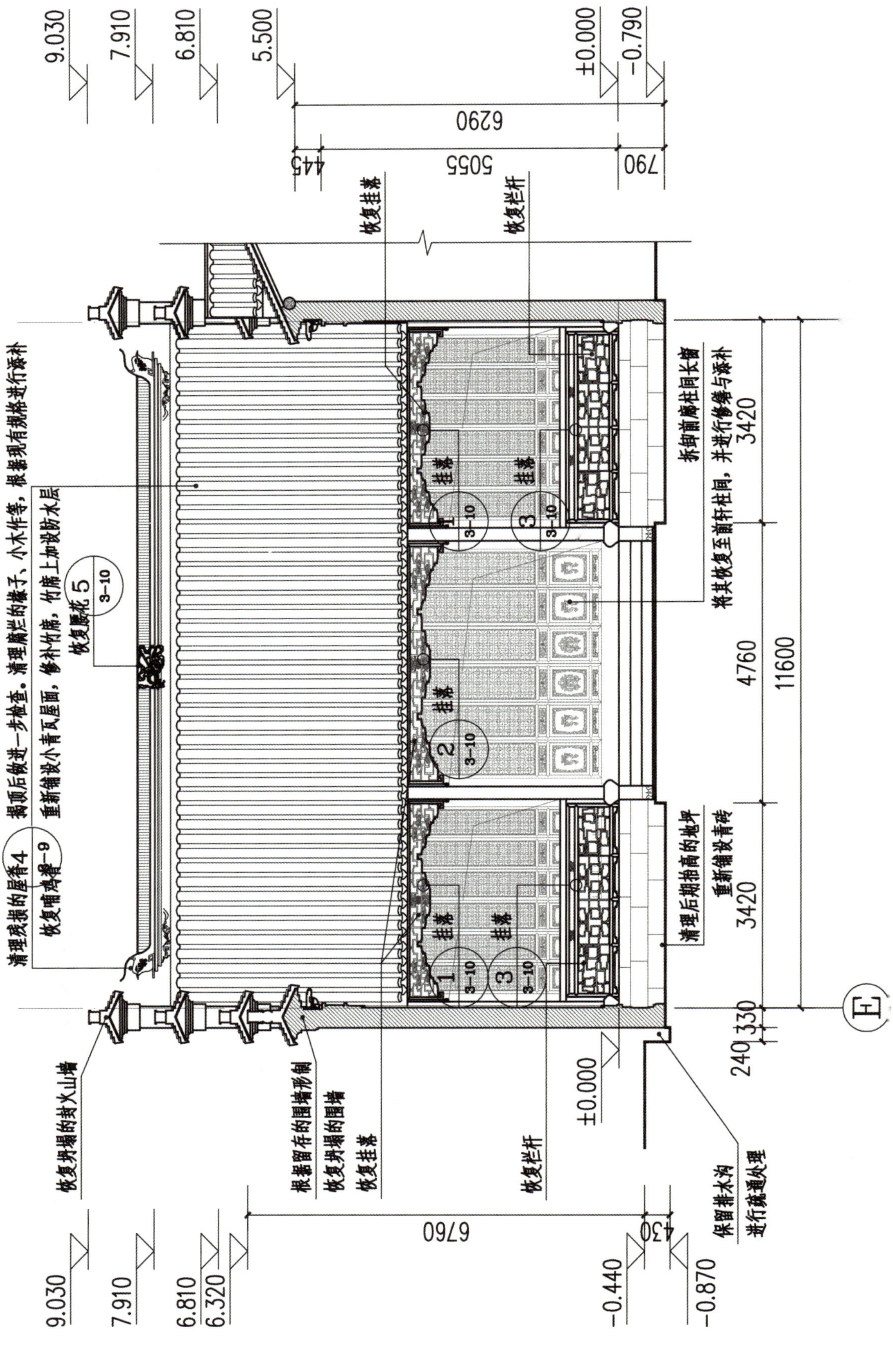

9.030
7.910
6.810
5.500
6.320
±0.000
−0.790
−0.440
−0.870
6290
445
5055
790
6760
430
3420
4760
3420
11600
330
240
清理残损的屋脊4
恢复哺鸡脊—9
揭顶后做进一步检查，清理腐烂的椽子、小木作等，根据现有规格进行添补
重新铺设小青瓦屋面，修补竹席，竹席上加设防水层
恢复脊花 5 3—10
恢复挂落
恢复栏杆
挂落
1 3—10
2 3—10
3 3—10
拆卸前廊柱间长窗
将其恢复至前轩柱间，并进行修缮与添补
清理后期抬高的地坪
重新铺设青砖
恢复坍塌的封火山墙
根据留存的围墙形制
恢复坍塌的围墙
恢复挂落
恢复栏杆
保留排水沟
进行疏通处理
E

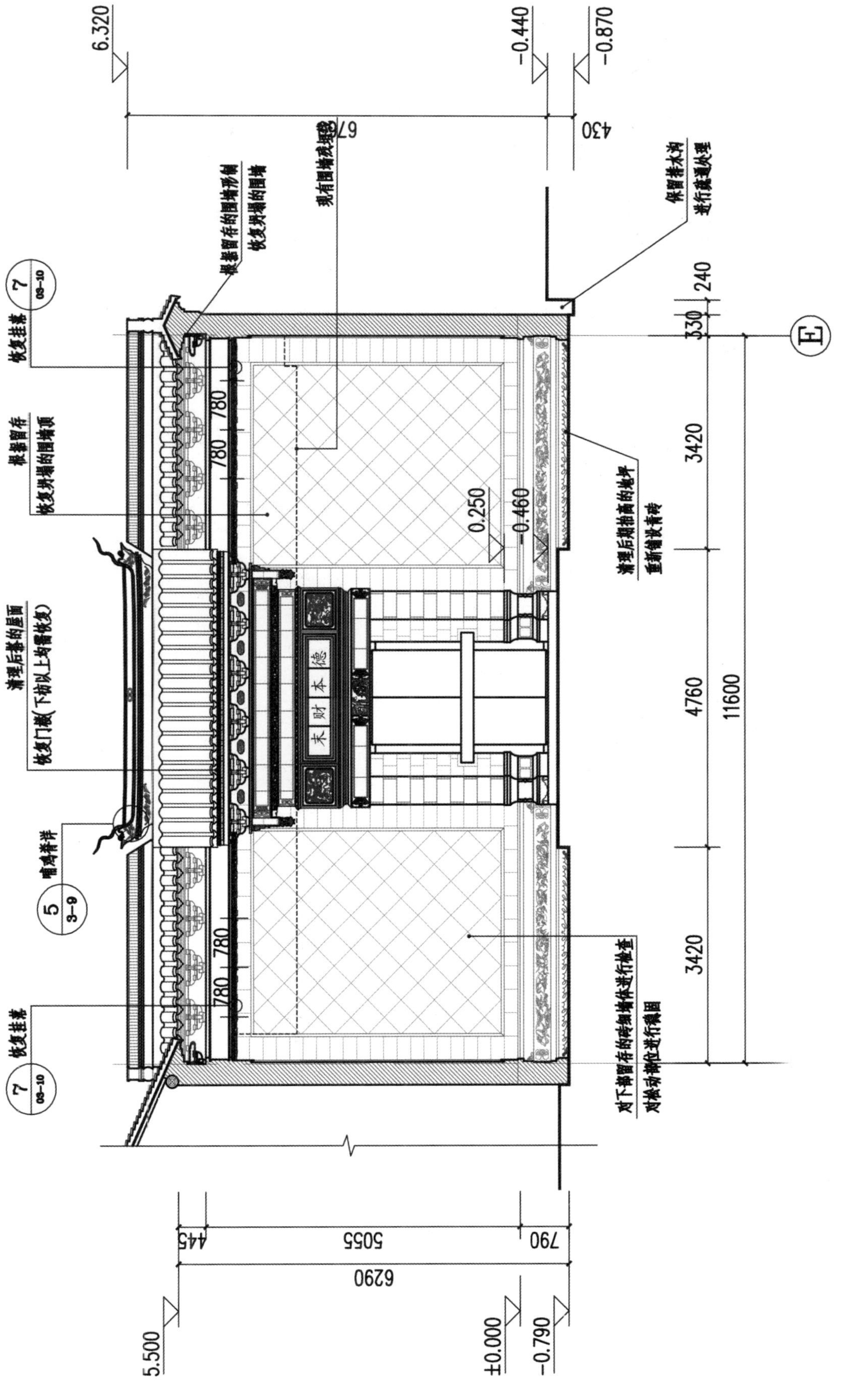

沁远堂大厅修复剖面图之二

师俭堂砖雕门楼及砖木雕细部

师俭堂、清俭堂

师俭堂，位于三山岛山东村。由潘氏高祖建于清嘉庆六年（1801），有大厅、书厅、楼、偏室等共26间，目前建筑格局保存完好，背山面湖气势不凡，为苏州市文物保护单位。

登五级台阶进大门，右厢房，是供祖宗牌位的家堂。天井处有砖雕门楼，上刻“职思其居”，门楼左右各一组砖雕，内容取自北宋“洗砚鱼吞墨，烹茶鹤避烟”的诗句；门楼下方雕“郭子仪祝寿”，画面繁而不缛，尽显刀工。

规模较大的主体建筑可分南北二路，北路有花厅、附房：其中花厅面阔三间，进深九檩，内四界前轩后双步，其前后分别有小花园；花厅

后有附房三间，宅院南尚有老屋四间两厢。南路有门屋、祖屋、圆堂、楼厅：其中，门屋面阔一间，进深三界，祖屋大小形式与门屋相同；圆堂面阔三间，进深九檩，为内四界前后轩做法；楼厅面阔三间带两厢，内四界带前廊。

其堂名取义汉丞相萧何“后世贤，师吾俭”之名言。

清俭堂，位于三山岛桥头村。由黄姓商人建于清乾隆四十三年（1778），现有房屋54间，为三山岛民居中体量最大的一座。其厅堂的落地长窗均有雕花等，素有“三山雕花楼”之称。

整座建筑坐北朝南，“六扇头”大门却朝西。进墙门为天井，对面与门屋相对的“家堂间”为祭祀祖先之所。过砖雕门楼，进门就是大厅，

清俭堂砖木雕刻保存完好

面阔三间，厅内悬挂“清俭堂”匾额，两侧挂抱柱联。厅前有 32 扇长窗，上雕亭台楼阁等园林景色。过厅堂为第二座砖雕门楼，上有嵌入主人名的“长发其祥”四字砖雕。

“家堂间”后面的花厅，三开间带两耳房，中间挂“漱泉书屋”匾额，此名显然与清泉绕屋之西南有关；前又有 21 扇雕有花卉图案的长窗。

畬庆堂正厅

畬庆堂

东蔡村畬庆堂为蔡姓村民祖宅，约411.3平方米，建于乾隆十年（1745）。布局有序，建筑精美，特色鲜明，而且有具体建造年代标识。目前结构保存如此完美的厅堂已不多见，为苏州市文物保护单位。

畬庆堂大门向南，青石门框，背面砖雕门楼楷书“文采清门”字样。整体住宅分东、西两路，东路有门楼、花厅、后附房，西路有大厅、楼厅、后住楼。两路备弄相通，单体建筑之间有塞口墙与天井相隔，形成独立的单元。

其中花厅，面阔三间，内五界前后轩，“回顶”做法，成“三轩连缀”形式，结构小巧。大厅面阔三间，进深九檩，内四界前轩后双步，大梁下设垫梁置蒲鞋头，四组风栱精美，雕镂“三国故事”，厅内各柱下均设青石质地的鼓形柱础。前院卵石铺地，西侧花坛种植山茶、蜡梅、金银花，东侧砖雕牌科门楼题“俭德永图”，出自《尚书》，并明确镌刻乾隆时期建造具体年代款文。

后花园的古白皮松为春熙堂“一绝”

春熙堂、爱日堂、芥舟园

西山东蔡春熙堂、西蔡爱日堂，为当地富户蔡氏所建，是苏州市文物保护单位。

春熙堂，建于乾隆时代，之后历代都有增建。最盛时有三路建筑，规模宏大，门厅、大厅、女厅、书房之外，还有七幢住楼以及书房南的花园，花园中有四面厅、九曲桥、八角亭，目前存西路书房、西楼厅、中路楼厅以及东路住屋、住楼。

书房题名“缀锦书屋”，建于清道光二十五年（1845）。面阔三间 9.4 米，进深 9.15 米，平面基本正方形，建筑技艺巧夺天工，使得结构小巧、紧凑又富于变化，为他处所不多见。

其前金柱一线施屏门、挂落，将空间隔成南北两部分，梁桁上雕饰华丽，蝙蝠、寿桃、石榴、如意、灵芝、荷花、牡丹纹样，脊童柱上雕

饰万年青等，令人目不暇接，南部使用四架“卷棚轩”。北边采用“花篮厅”形式：梁架均承重于吊空的方形“花篮”之上，中间的五架梁及北部的轩，都使用鹤颈复水椽，以上再施“草架”。雀替用材很大，镂空度极高，多作如意绥带状。楼下吊灯，铜环四周雕流云。

“花篮厅”侧门，有篆刻匾额，“金和”“玉润”四字题识切题文雅。厅前花园面积 70 平方米，有黄石假山，种植黄杨、天竺、蜡梅、枇杷等花木，地坪由方形板岩石块铺成，漏空花窗的矮窗，是为书房采光之需。

后花园建造至今已 140 年，是苏州地区较为典型的宅第园林之一。面积不大，约 90 平方米，高耸的墙体攀爬植物，绿意浓浓，其中有三绝。一绝：白皮松两棵高 30 米，腰围 2.1 米；二绝：一株百年牡丹；三绝：太湖石假山，“老人峰”“太师”“少师”三峰，造型奇特，高达 3 米多，可与苏州留园名石“冠云峰”媲美。

堂名取自老子“众人熙熙，如享太牢，如春登台”之语。

1. 南部使用四架『卷棚轩』
2. 春熙堂前花园黄石假山

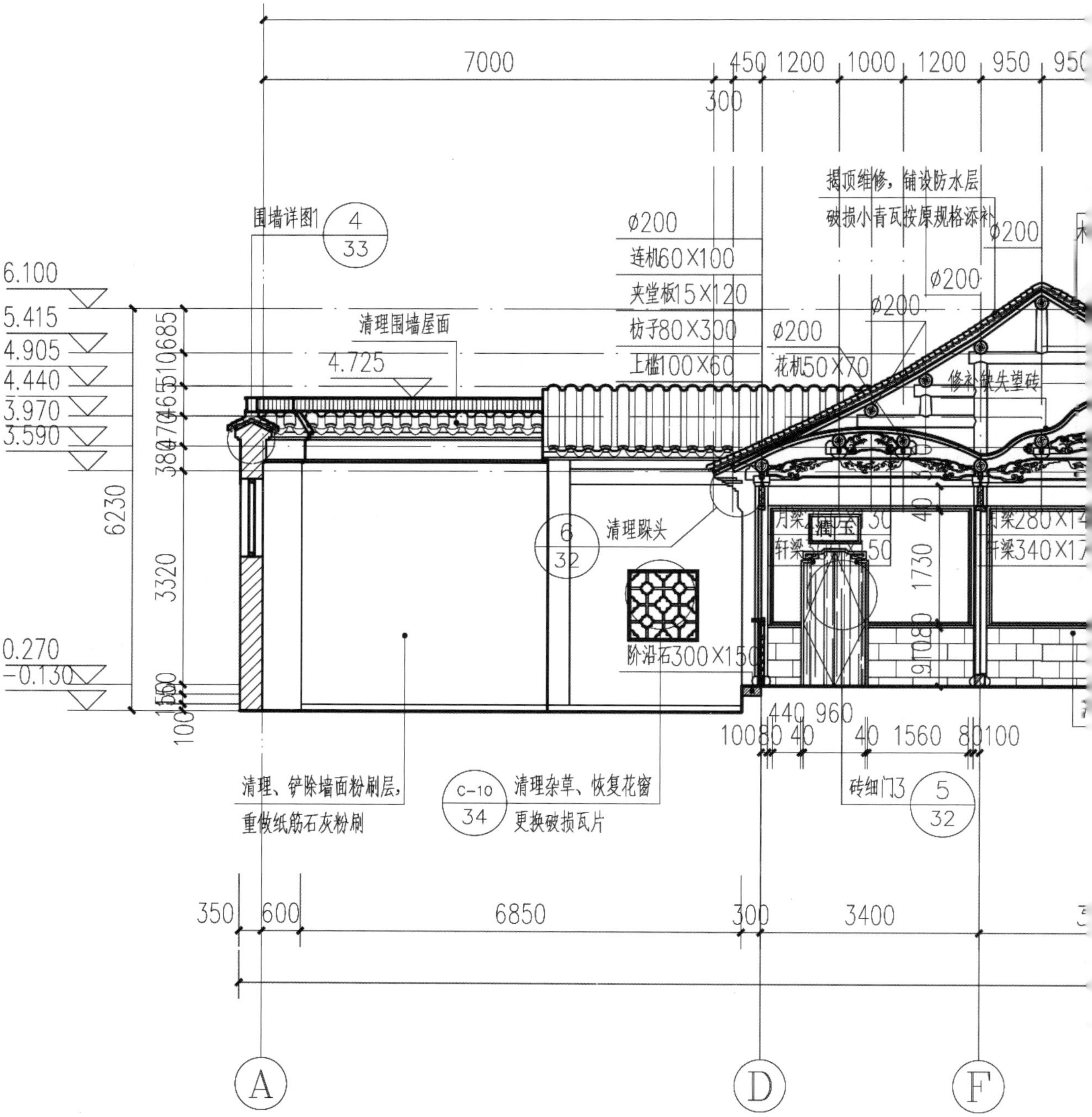

春熙堂书房题名“缀锦书屋”，建于清道光二十五年（1845），此为修复剖面图

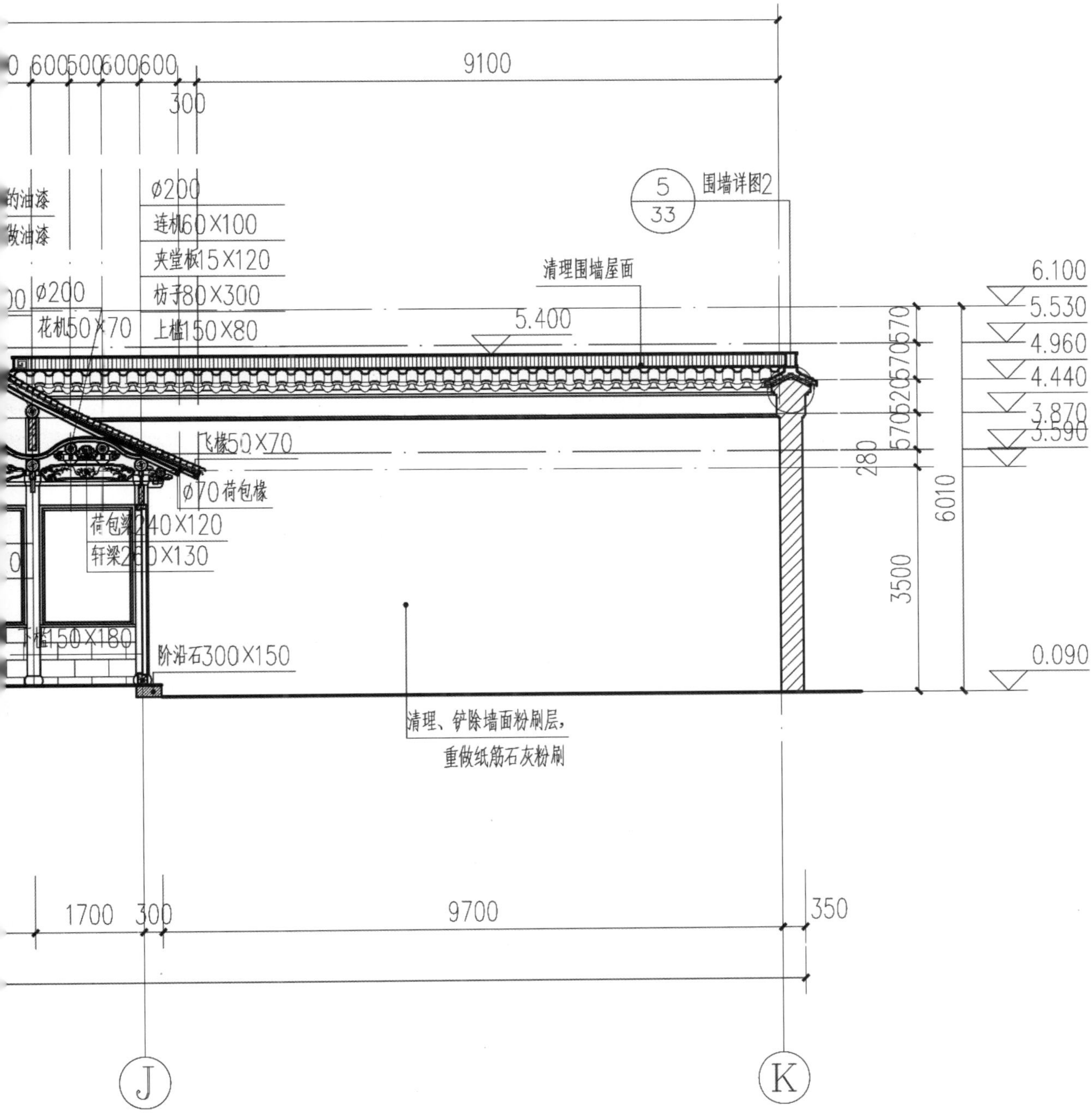
0 600500600600
9100
300
5
33
围墙详图2
的油漆
做油漆
ø200
连机60X100
夹堂板15X120
枋子80X300
上槛150X80
ø200
花机50X70
清理围墙屋面
6.100
5.530
4.960
4.440
3.870
3.590
5.400
570570
570520
570
280
6010
3500
飞椽50X70
ø70荷包椽
荷包梁240X120
轩梁260X130
下槛150X180
阶沿石300X150
0.090
清理、铲除墙面粉刷层，
重做纸筋石灰粉刷
1700
300
9700
350
J
K

1
2 3
4

1. 芥舟园书房“花篮厅”样式
2. 芥舟园入口
3. 园门砖雕额方内有“芥舟”题额
4. 爱日堂老花窗

爱日堂，又名“新厅上”，创建年代晚于春熙堂，规模宏大，曾有门间、东轿厅、西轿厅、大厅、楼厅、新楼、上书房、下书房、西湖沿、小花园等建筑，现存位于屋西的一座花园。

花园内有书房、亭子、旱船、花廊等建筑物及黄石假山、花木等。墙门字牌镌刻有乾隆时期纪年，楼厅前砖雕墙门体量极大，雕工精美，图案不同凡响。

书房题名“晚香书屋”，面阔三间，进深近9米，单檐硬山式，室内五架前梁后轩做法，均施复水弯檐，上有“草架”、屋面。内四界立前后金柱，梁架均圆作，少雕饰，朴实无华，窗棂装饰华美。园东有花廊与书房东侧甬道连接。

书房后的花园，园子阔13.4米，进深11.5米。150平方米的小园林内，有假山、水池、亭子，桂花、紫薇、山茶等花木繁密，假山堆叠精美，有山洞，可以盘旋登上。亭子在较高处，黄石筑成其五级台阶，亭基高出基面约1.3米。细砖半墙设“美人靠”，便于观赏花木景观。

堂名出自《法言·孝至》，意为要珍惜与父母共处的日子，及时行孝。

芥舟园位于与东蔡、西蔡之间的秦家堡，属秦家宅邸的一部分，俗称“秦家花园”，为苏州乾隆年间小型宅第园林的代表作。

园门砖雕额方内有“芥舟”题额。园林面积不过两分，但小而精致，南部黄石假山堆叠技艺高妙，有奇峰巧洞，布置数尺之间，可见古代工匠手段高明。园中有百年罗汉松、太湖石小峰石、琴桌一方，水池微澜，整个花园布局紧凑，但各种园林元素完备，气质冲淡随意，果然深得“芥子须弥”之意。

花园北有书房三间，雅称“微云小筑”，面阔9.05米，进深8.2米，略显正方形；单檐硬山顶，“花篮厅”样式，无前金柱，梁架全部承重于雕刻精美而悬空的“花篮”之上，使得屋内十分敞亮。后金柱一线，用屏门16扇将书房隔为前明后暗两部分，屏门与落地格窗的做法相类似，四周镶嵌书画屏条，缘环板上雕刻琴棋书画等图案，裙板上则浮雕梅兰竹菊等画面。内顶采用卷篷轩施复水椽。

房顶采用卷棚式，施复水弯椽，上筑“草架”，盖阴阳相合的小瓦屋面。屋前出檐很深，亦用“花篮厅”的结合形式，以伸出檐柱外的扇形抱头梁，穿插枋挑起檐桁，檐口顶部亦用复水弯椽构成“轩”形式，其上再用“草架”檐椽、屋面，做工精到，体现高超的造园技巧和深厚的艺术素养。

“芥舟”之称，取自《庄子·逍遥游》：“覆杯水于坳堂之上，则芥为之舟，置杯焉则胶，水浅而舟大也。”

承志堂居小巷，门额上书“有德则乐”

承志堂

位于西山后埠，建于清嘉庆十年（1805），为西山历史上著名的费孝子宅院，是西山东部现存较完整的清中期大型民居建筑之一，为苏州市文物保护单位。

整个宅院坐西北而朝东南，南、中、北、再北四路，并有两横两竖四条备弄相互连接贯通。所有建筑均以两坡硬山式为主；三路住楼围绕中心位置的大厅，呈“品”字形分布，布局紧凑。北附楼西端特设“更楼”，可见堂主实力非同一般。

中路为主轴，由照壁、墙门、门屋、大厅、住楼组成。大厅面阔三间，进深九界，为内四界前廊、轩后双步形式。大梁扁作，两侧镌刻压地缠枝牡丹花纹样等。厅前有砖雕门楼，镌蝙蝠、荷花、灵芝等纹样以及戏文故事。

南北数进，书房颇具特色。南路“鸿鹤山房”，面阔五间，进深六界，内四界前轩后单步做法，体量较大；轩梁圆作，施鹤颈椽。北路书房名“菊有黄花斋”，天井里有高 3.5 米的太湖石，比较难得；上刻诗一首，落款为嘉庆十年。

“费孝子”费孝友的父亲费松轩在湖南湘潭、长沙几处经营瓷业、绸布业等，65 岁后把事业交给儿辈携眷回西山后埠置义田赡族，为三房子嗣建立了秉训堂、承志堂、葆彝堂三座深宅大院，次子费孝友居承志堂。“费孝子”为母亲舔眼吸痰、为父亲尝药守床的孝德被苏州知府上报至朝廷，他的故事至今在西山广为流传。

堂名出自其辈分排行：“文德延昌、学修英茂、敬承良志、克绍华宗”，取“敬承良志”中的“承志”为堂名。

其二，大量小型民居，多为普通商户人家居住，也有官宦“廉洁之举”的用房，还有上世纪五六十年代的老屋遗存，是江南水乡建筑技艺和民间生活的真实写照；虽无富户人家之排场，也是首屈一指的文物遗存、“粉墙黛瓦”“小桥流水人家”的审美体现。

怀荫堂布局紧凑，小巧精致

怀荫堂

位于东山杨湾“明清一条街”南端，典型的明代早中期小型民居建筑，为全国重点文物保护单位。

坐北朝南，布局紧凑，小巧精致，建筑用材粗壮，有门楼、住楼、厢房。住楼面阔三间，带两厢楼，进深七檩。金柱下木制柱础，直径 44 厘米，高 16 厘米；体现了东山明代早中期建筑的显著特点，即立柱下垫放木质鼓凳柱础。到了晚明才用青石柱础。

柱头带卷杀，上置坐斗、顶头栱，承托四椽栿，四椽栿上置荷叶墩与大斗承架平梁。平梁之上再置荷叶墩与一斗三升斗栱，施连戟，承脊檩，设计巧妙，山雾云护脊，整个结构非常稳定。

厢楼为卷棚顶，柱头也是斗栱做法，工匠施工时通过缩进厢楼深度，增加檐柱一根，明间两檐却向中间各移动一米多，造成外观“真三间、假五间”格局，做法独特。

作为六百年前的古物，这幢传统建筑 20 世纪 70 年代才被发现，当时是茶馆兼书场，也是东山传统建筑中首屈一指的遗存。

此堂主人及其子孙已无考，堂名则是“怀妻荫子，福运绵长”的美好祈愿。

敦伦堂为明代普通农户住宅

敦伦堂

西山明月湾姚家老屋，明代普通农户住宅。从梁架和山墙砌法来看，始建于明代。

坐北朝南，现有前屋后楼共两进。住屋面阔三间带两厢，楼下为厨房和餐厅，楼上为卧室，布局紧凑。2005 年重修，除前进屋山墙、塞口墙及后住楼的四椽袱、梁为原物外，其余均按原样修复，保持明代风格。

暴式昭故居为清代建筑，房屋较简陋

暴式昭故居

位于西山角里南部，郑泾港西侧的南河头宝稼堂内。清末暴式昭当年在西山担任巡检，为官清廉，租赁了这座老宅供全家居住。此宅为清代建筑，现存楼房三间，平房五间，房屋较简陋。2010 年政府出资进行整修，基本保持清代原貌。

沈市老街民居建于上世纪五六十年代

在沈市老街取个景

沈市老街民居

常熟市梅李镇沈市村沈市，老街上仍保留着若干民居，建于上世纪五六十年代，引人注目。

第一处为两开间两层小楼，据说砖块由糯米浆修葺而成，楼窗下护板写有“文革”标语，清晰可见，目前为房主所开的修理铺，房屋稍作修缮，基本没有破坏房屋的结构；另两处均为三开间两层小楼，其中一处有两进，都稍作隔断等处理。

其三，我国历史上一直以来追崇先贤、倡导孝道，祠堂建筑的历史可以追溯到西周时代，宗庙为天子专享。宋代大儒朱熹倡导兴建家祠，开立祠堂在民间成为一种普遍的祭祀制度，其建筑风格，不论公祠、宗祠，还是家祠，都力求庄严肃穆、庄重堂皇，古时人民不论世代居住一地或辗转迁徙万里，定居下来的族人约定设立宗祠、开设家祠，无不尽心竭力不惜财力，故而条件允许前提下，都力求风水适宜、阔大恢宏、雕刻精美，强调中轴线和规整严谨，主体和重要建筑采用殿型建筑形式建造，次要建筑运用硬山式。

宗祠结构也有程式，一般分牌坊、照壁、仪门、门厅、享堂、寝堂，还有配套的辅房设施。门前立旗杆和狮子座，辕门后中轴线上组合数进院落，或在中轴线两侧设左右几路。作为一个家族的精神家园、公共祭祀之地，客观上也成为联络族人情感、亲谊、调解矛盾、处理内部各种事务的重要议事场所。

徐家祠堂制式规范，装饰华丽

徐家祠堂

位于西山东村西，清乾隆十三年（1748）儒商徐联席主持建造，耗银 9000 两，占地 952 平方米。原有门屋、轿厅、大殿、后楼四进，其间以两座门楼、三个天井相隔，现存前厅为原构建筑，精美的木雕、砖雕、石雕和苏式彩绘不减当年。2009 年修复前厅，重建大殿、照壁、回廊、享堂、寝室等，基本恢复原貌。2010 年对外开放。为江苏省文物保护单位。2022 年布置为西山石刻碑刻文化展示馆，免费向公众开放。

整座祠堂厅、堂、寝宫、门、庑、廊、阶齐备，制式规范，装饰华丽，是目前尚存的西山地区体量最大、形制最规整的祠堂建筑，具有极高的文物价值。

修复后的第二进门楼

倚山而建，大门面东，进门右折，才是分布在南北轴线上的主要建筑，前庭院较宽阔，东、西院墙各开券门；南院墙下部设有青石须弥座，须弥座束腰部雕刻着精美的夔龙纹，气势雄壮。

前厅面阔五间 18.3 米，进深 9.2 米，外观为二坡苏瓦硬山顶，下设青石基座。厅内为九架梁前后四架卷棚，上覆草架。梁柱制作精细，金柱高 4 米，底径 0.28 米，上细下粗。柱础青石鼓墩式，鼓腹部直径 0.48 米。柱头出丁头栱承托轩梁。梁垫、蜂头镂雕如意。轩梁扁作，梁肩置荷叶莲瓣柁礅，间设荷包梁，荷包梁头雕麻叶云，设镂花替木，承托轩檩，檩上置罗锅椽。檐口高 3.65 米，檐下额枋上设平身科与柱头科，传递屋顶的重量。牌科不出挑，为单昂重栱，昂嘴上卷似象鼻，昂上耍头

徐家祠堂三进回廊

里外两端均雕麻叶云，里端设枫拱，雕卷叶花纹，拱垫板及下枋镂雕人文故事图案。整座建筑装饰华丽精致，其梁、枋、斗、替木、梁垫、棹木、垫板等木构件均施满雕刻，其内容有人物戏文、花草动物、喜庆吉祥等图案，雕刻手法采用透雕、高浮雕、阴刻等。

尤其珍贵的是，前厅轩梁及轩檩上均满施沥粉金线聚锦苏式彩画，共有 40 余幅。彩绘颜色有金、红、白、蓝，色调艳丽明快，图案繁缛而清秀，是江南地区罕见的彩绘与雕刻并举的满堂彩雕做法。

清代的官绅宅第多数绘有苏式彩画，主要施于梁枋、脊檩，以建筑部件为单位分成三段，左右两段包头内或画联珠，或画箭绢，或画荷花，或画寿字，左右对称。中段称锦袱，极像是锦绣包袱包起来似的，其款式有方形、圆弧形两种，尖角向上的为正包袱式，尖角向下的为反包袱式（较少）。锦袱的尺寸没有定格，均以部件体量而定。锦袱内所画内

江南地区罕见的彩绘与雕刻并举的满堂彩雕做法

容多种多样，其中数古钱、兵器、工具、妆奁、毛笔、锦纹等用得最多。画锦纹的衬托面称“锦地”，不施彩色的衬托面叫“素地”，考究的“锦地”里画折枝花、香草状和各式锦纹，而普通的“锦地”只简单地刷上一层青绿而已。少数彩画做沥粉装金，光彩夺目，富丽堂皇。彩画在艺术上以清嘉庆前的作品为上乘，嘉庆后的较为草率，民国后日益衰落。

享堂是一座平面近正方形的敞厅，满满地塞在院落正中。这种做法是这一地区祖祠形制的标准形式。寝宫正立面为副檐做法，内按序列设龛供奉徐氏各祖先的神位。

祠堂内原有立于清乾隆六十年（1795）的“徐母殷孺人节孝题词”等书条石20多方，其中有刘墉、纪昀和翁方纲为殷氏题写的祭文，现已被毁。2009年重修时，发现了保存完整的清乾隆年间的《东园徐氏祠堂记》碑、祠堂经费收支明细碑，以及半块刘墉为殷氏题写的“贞寿毓贤”碑。

黄氏宗祠整体营建规整，气势宏伟

黄氏宗祠、邓氏宗祠

西山明月湾黄氏宗祠，始建于清乾隆四十九年（1784），整体营建规整，单体建筑逐渐抬高，气势宏伟。2004 年修缮大厅，重修照壁、议事厅等。2006 年作为明月湾村史展览馆，对外开放。为苏州市文物保护单位。

坐北朝南，沿街而建，有门屋、大厅等前后两进。门屋面阔三间，内四界前轩后廊；大厅为内四界前后轩形式，大厅前砖雕门楼额镌“敬宗睦族”四字。其中门厅、享堂等主要建筑为原构，是清代祠堂中的优秀实例。

西山明月湾邓氏宗祠，建于清嘉庆十年（1805）。原建筑大部分在上世纪 70 年代被毁，仅存照壁、门楼及厅堂遗址，2005 年原址重建，

基本恢复原状。2008 年利用其建筑筹建廉吏暴式昭纪念馆，2009 年 6 月对外开放，现为江苏省和苏州市廉政教育示范基地。

整个祠堂占地 744 平方米，坐北朝南，宏敞高大，由东西并列的两个院落组成，现有建筑依次为门厅、享堂、寝堂。各自有门厅、楼厅、庭园、书房及附房，两部可通过备弄一侧的墙门连通，砖雕门楼精美。

其四，诸多典型的民国建筑，既保留了中国的传统风格和中国人特有的精神，又吸收了一些西洋建筑风格，具有传统走向现代的过渡阶段特点。

振东侨乡青砖红瓦、洋味十足的建筑风格，与江南传统的粉墙黛瓦形成鲜明对比

振东侨乡民国建筑

昆山市周市镇东方村振东侨乡，是江南地区民国建筑最为集中的村落，为当年跟随孙中山先生回国的加拿大归侨黄湘和马湘集资所建。始建于20世纪20年代，已有百年历史，目前完整保留了28幢民国风建筑。

其青砖红瓦、洋味十足的建筑风格，与江南传统的粉墙黛瓦形成鲜明对比，所以又有“红房子”“小洋楼”的称呼。最具西洋风味的当属廊柱，传统古罗马立柱，造型优美、实用性强。但其屋顶又为中国传统的歇山式屋顶，显示其贯通中西建筑理念、传统与现代相结合的特有风味。南洋建筑中有一种“压胜”的思想，华侨在海外遭受洋人欺凌，抬不起头，有了钱以后自己造别墅，便将中国式屋顶压在西洋建筑之上，以此舒缓他们饱受压抑的心情，这也体现了华侨的爱国精神。

其五，上世纪中后期的公共建筑，经改造，增加了凝聚人气、活跃村民文化生活的功能。

祝家甸改造后的小礼堂，整个建筑更加安全可靠

祝家甸小礼堂

位于昆山市锦溪镇朱浜村祝家甸中轴北端，原为上世纪七八十年代村里的公共活动场所。2019 年，为了完善公共服务设施配套，让新老村民们更好地“留下来”，增强其幸福感，小礼堂便被改造成一座小型影院，兼顾多功能活动厅和小剧场，补充和完善了乡村现有公共空间，为村民提供了更舒适的公共活动场所，为乡村注入新的活力。

小礼堂改造中，对建筑的外立面和门头进行了保护，对内部的屋顶进行了替换，使得整个建筑更加安全可靠。同时，新植入的钢结构也为灯光设置、设备吊挂提供了可能性；在原后门处增加的放映室，为小礼堂的影视放映、节目灯光控制提供了可能性。

涵村中街

公共设施的古代遗存

公共设施的古代遗存，是古代农业社会的重要组成部分，苏州传统村落保存了相当数量的店铺、码头、巷门、古桥、公井、古树名木等。

明代店铺

位于西山涵村中街，为江苏省文物保护单位。

店铺临街而建，当年是“前店后宅”布局，现存的铺面直到 1993 年才歇业。面阔 3 间，宽 10.28 米，进深 7 桁带前后廊 70.8 米，硬山搏风造，板瓦顶，柱圆作，柱头有覆盆形卷杀，无坐斗。檐柱系梓木，础为青石提灯形；金柱系楠木，木质柱础；梁系银杏木，扁作，月形，刻纹。金、檐柱之间有扁薄月形步梁连接，梁、斗上均搁置桁檩，间嵌水浪形的替木或托桁枋，附以方椽。青石台阶，矮挞形式的短扉 4 扇，下设裙板，向内翻起用铁钩固定，形成 4 个营业窗口，可以自由关闭。根据店内的木构结构分析，这种明代店铺建筑存世极为罕见，国内仅有两处；尤其是独特的梁架结构有极高的研究价值，也为明代江南农村地区的商业形态提供了难得的实物资料。

明代店铺独特的梁架结构有极高的研究价值，为明代江南农村地区的商业形态提供了难得的实物资料

栖贤巷门及其道路修缮前后

栖贤巷门

巷门，是古代里坊制的坊门演化而来的古代村落安全防护设施。苏州评弹《玉蜻蜓》里，有当时豪门女眷夜行，遇巷门关闭，“怒打巷门”的情节，这是苏州繁华城市中的情形。

西山东村有栖贤巷门，为江苏省文物保护单位，建于明代，是传统村落中的安保设施，苏南地区仅存这一处，造型古朴端庄，架构明快简洁，做工精细，形制独特。

它坐南面北，跨巷而建，东西两侧都是民居。街道南北两侧有众多小巷，巷口设门，通过巷门关闭而形成封闭状态，便于防盗、治安。砖木结构，面阔 1 间 2.15 米，进深 4 檩 1.84 米，略呈长方形，四周青石压沿，中间铺砖，立柱 4 根略带菱形，柱头之上有卷杀，上置栌斗，栌斗四周刻海棠曲线。月梁正中，施“单斗只簪”承脊檩。下有青石扁平础，后柱旁有门臼各一对，可安门扇。前后柱之间设有座板，可供人歇息。

“栖贤”二字，源自汉初“商山四皓”之一东园公隐居于此，取“古代圣贤曾在此栖息”之意。

1 2 3

1.2. 后埠双井，苏州传统村落中最有代表性的古井

3. 翁巷柳毅井因『柳毅传书』而为人知

后埠双井

水井的发明是人类改造自然的一种创造，早在六千年前的新时期时代马家浜文化时期，太湖地区就出现了原始的水井，除了实用功能，井在古人心目中，也是家园的重要象征。“背井离乡”是万不得已的痛苦选择。

“无井不成村”，或单或双，青石为栏，井水常年不涸，吴中区香山街道南旺村有南旺河穿村而过，村落有一座古桥与一口古井，都建于元代以前。河边有一棵百年古树，掩映如画。瓮巷“柳毅井”，旱不干，涝不溢，为东山十大名泉之一，又因“柳毅传书”而为人知。东山镇三山岛传统村落，至今留存17口古井。井泉之别，在于自然形成或人为开掘。

井亭四角方形，四根六角形亭柱青石制，三根顶部有裂痕，都是元初遗物，亭顶为砖木结构

苏州传统村落中最有代表性的古井，是后埠双井，开凿于南宋淳熙年间（1174—1189），里人徐氏所为。徐氏来自北方望族，双井开始时一度使用了南方罕见的辘轳汲水，这种源自中原样式的古井，成为当地主要氏族来自北方的重要实证。后来辘轳拆除，是北方生活方式融合本地的结果。井壁用黄石盘筑，井口用两整块青石拼合覆盖，一块底座长 2.24 米、宽 0.93 米。上面放置白石质地的圆形井圈，另一块是底石与井栏连为一体的青石质盖口石，长 1.97 米，宽 1.2 米，两口井圈的内壁口沿，各有数条三四厘米深的凹槽磨痕，这些磨痕都朝同一方向，显示是辘轳粗绳长期磨蚀的结果。井栏光滑异常，高低不同。

据考证，元初大德年间（1297—1307），当地人蒋腾芳在双井上第一次添建了井亭，木石结构，为的是保护水源清洁，防止杂物、落叶入水，同时便于汲水人遮阳避雨，是公益性质的创举。井亭四角方形，面阔 3.3 米，四根六角形亭柱青石制，高 2.52 米，三根顶部有裂痕，都是元初遗物，亭顶为砖木结构，结构平稳、风格朴实。当地村民对这口古井爱惜备至，明天顺三年（1459），蒋氏重修井亭。清同治九年（1870），古井亭由本地人费氏重新修建，民国二十年（1931）由里人徐氏重修。如今，井、亭保存完整，井泉潺潺、清澈，仍然作为村中主要公井使用，在苏州可谓独一无二。

植里永丰桥，始建于宋代

永丰桥、震泽底定桥、里尺桥

苏州地区河汊纵横，水网密集，各种大小桥梁承担着不同村落、市镇之间的交通，至今保存有许多古代石桥，造型优美，结构稳定，体现了吴地人民先进的造桥技艺。

永丰桥，位于吴中区金庭镇植里南侧的古道之北，始建于宋代，现存古桥为清康熙四十一年（1702）重建，单孔拱形，花岗石砌，灰黄颜色，桥上台阶、桥栏均保存完好，仍在使用。桥全长17.90米，顶宽1.90米，矢高3.2米，跨径5.2米，桥孔拱券采用纵联分节并列法砌筑，南北桥堍各设11级踏步，东西两侧各置有一对桥耳石，东侧北端桥耳石下方，嵌有一青石条，上刻楷书“康熙四十一年重建”字样。北侧桥拱下部，刻有“大清康熙四十一年……大圣堂头陀慧闻募缘……”等字样，显示当时的维修主要由村西大圣堂的出家人募资完成。

震泽底定桥，位于吴中区东山镇上湾村石桥头，建于南宋绍定年间，明成化年间重建，清乾隆年间再修桥身，古貌犹存。“震泽”是古代太湖别称，“底定”为祈祷平安、波浪不兴之意。古桥为梁式平桥，架于山涧之上，由五块长石条铺成。桥旁有《重铺坪磐官路记》碑，记录了桥及官路的始建年代及重修过程。

里尺桥，又名“荣富桥”，位于吴中区临湖镇灵湖村黄墅，始建于

震泽底定桥，建于南宋绍定年间，明成化年间重建，清乾隆年间再修桥身，古貌犹存

明弘治十一年（1498）八月，清乾隆庚戌年（1790）修缮，东西向横跨于横泾港上，全长12.8米，桥面宽2.1米，桥堍宽2.9米，净跨5米，矢高3.2米。桥为青石质拱桥，形制规整，拱券为纵联分节并列砌置，桥孔有7排拱石，每排由5道券石组成，桥面两侧均有压沿石，桥面设横铺条石台阶，规格大小不一，桥两侧墙体也均用青条石叠砌。两端券脚底座均有一整块长2.8米、宽0.4米、高0.3米的金山石为墩，拱券顶部距桥面0.4米，中间镶有一浮雕圆形吉祥图案，线条流畅，雕刻精美。

明月湾古码头，现存基础部分为宋代建筑

明月湾古码头、席家湖码头、堂里古码头

明月湾古码头原系明月湾与外界沟通的主要水上通道，始建年代已无从考证，现存码头基础部分为宋代建筑，表面条石为清乾隆二十一年（1756）由村民集资铺设。码头全长63米，宽3.5—4.6米，表面用256块花岗岩条石铺成，颇具气势，依稀可见当年舟楫往来盛况。

古码头斜向深入湖中，一方面方便船只进出港口，另一方面能挡住太湖风浪的冲击。当时明月湾有很多人在浙江湖州经商致富，所以村里人都相信湖州方向是财运所在。为了让这从湖州来的“富水”到了明月湾不轻易外泄，码头必须斜着造才能聚财聚福，当然，这是明月湾人的美好心愿。

席家湖码头，为东山翁巷内一条南北走向的港道，源于翠峰坞而直通太湖。明嘉靖初年（1522），由席氏族人发起筑席家湖石塘于太湖中，长100余米，大堤外侧种蒿草护堤挡浪，内侧停船歇脚。清光绪二十八年（1902）春，旅沪实业家席素恒出资重修，坚固壮观，堤岸延伸到200余米，并自撰《重修席家湖嘴碑》竖于堤端的歇凉亭内。

席家湖码头，两侧一对石狮为清康熙年间官制原物

重檐八角攒尖亭，康熙书“虫二”两字，意为“风月无边”

这里又是康熙皇帝当年从龙船上岸的“御码头”，尤其著名。康熙三十八年（1699）四月康熙皇帝南巡东山，由东山首富、清廷工部虞衡司主事、正在省亲的席启寓为首，率地方绅士、僧尼等200余人执香迎驾并陪同到席氏东花园大厅召见地方官员、绅士。近几年重建的“御码头”由一座牌坊、碑亭和栈道组成：石牌坊上书“火焰万丈”，立于石牌坊两侧的一对石狮为清康熙年间官制原物；栈道嵌入碧波荡漾的太湖之中，尽头是一座重檐八角攒尖亭，上书“虫二”两字，意为“风月无边”。

攒尖式屋顶亭子，根据脊数多少，分三角攒尖顶、四角攒尖顶、六角攒尖顶、八角攒尖顶等；此外，还有圆角攒尖顶，也就是无垂脊。攒尖顶多作为景点或景观建筑，有单檐、重檐之分。

堂里古码头，为苏州市控制保护建筑。位于堂里北侧堂里港口西北的太湖之滨，清乾隆三十八年（1773），由堂里徐氏家族集资白银1600余两兴建。清代后期因剿匪、抵御太平军，曾被西山驻军机构太湖营用

堂里古码头又被称为“太湖营军用码头”

作驻军专用码头，故该码头又被称为“太湖营军用码头”。

码头东西走向，略呈弧形，长 80 米，宽 3.5 米，高 5 米，表面由 141 块长 3.5 米、宽 0.55 米、厚 0.32 米的花岗岩条石铺筑，颇具气势，目前仍有渔民在码头上晒网劳作。

码头西侧原有小丘，广约十多亩，下部裸露的岩石因长年被湖水冲刷形成许多孔洞，波浪湖水进出，回声似阵阵悦耳的琴声，故古称“琴山”，俗称“浮头山”，边上的码头也得名为“琴山石堤”。小丘在上世纪被围垦推平，现已成为果园和茶园。

据清乾隆间大学士董诰撰写的《琴山石堤记》一文记载，在码头边当时还建有小型的湖神庙，里面供奉太湖各路水神。上世纪的“文革”中小庙被毁，改建泵房一间，每逢神道节日，仍有不少附近村民在旁边烧香祭祀。2019 年古码头得到修复，基本恢复原貌，成为观赏太湖夕阳和拍摄婚纱照的网红打卡地。

西山东湾1500岁的『苏州古樟王』

乡土树种

“桑梓”是从前人们对家乡的称谓，古代常在家屋旁栽种桑树和梓树，以树木象征家乡，表达思恋。

苏州传统村落乡土树种多达百种以上，其中既有观赏性强的罗汉松、紫藤、柏树，也有适合成材的香樟、榉树，香樟树是常绿大乔木，生命力旺盛，四季常青，生长迅速，制作家具就地取材，可辟虫防蛀，千年不朽。还有富有经济价值兼具观赏性的银杏、梅树、桂花树等，而石榴、枇杷、板栗、柑橘、杨梅、核桃树等果树遍布乡村庭院，其中香樟树与银杏树是最常见的品类。

银杏落叶金黄，白果可入药、可食用，当地人都说这是“子孙树”，爷爷栽种，子孙受益，经济价值与观赏性尤为出色。在东西山的传统村落，银杏树数量极多，是当地农民的收入来源之一。

西山明月湾的入口标志，就是一棵古樟树。高超25米，树径近2米，三个成年人都无法合抱，村民们自小把它看成村里的重要成员。而这样的古樟在西山岛许多村落都有分布。植里数量更多，其大圣堂旁500年以上的就有5棵，古桥边有一棵三叉古樟，有300多年历史，树干粗矮，枝叶茂盛，亭亭如盖。堂里村阴山岛上的，堪称“樟树王”，树高50多米，树龄千年！

东山余山岛，有一棵千年榉树，树洞可以容纳孩童藏身。苏州旧时人家，有“前榉后朴”的说法，还有“中举”的意思。古代家中有男孩降生，就在门前种植榉树，期待榉木十几年后得以成材，届时子弟若科举有成，便可砍伐，以榉木制成书箱进京赶考云云。榉树是非常适合制作家具的用材，在江南地区至今遗留许多明清时期的珍贵榉木家具，花纹优美，不易变形，代表了苏作家具的辉煌历史。据学者王世襄研究，东山一带，民间保存相当数量的珍贵黄花梨家具，许多家具事前先以榉木制作定样，然后按材施工。

西山东湾 1500 岁的龙柏

东山北望村 2000 岁的银杏

西山东蔡村，乾隆时代所建的春熙堂花园中，有两棵白皮松，都是数百年之物，其中一棵高近 30 米，一棵高 18 米，世所罕见。白皮松学名栝松，历来是营造园林最上等的名品，明清以来深受文人喜爱。园中还有百年牡丹，谷雨开放，满园富贵之象。

西山西蔡村芥舟园，也称“秦家花园”，嘉庆时期所建。这个小园林占地不大，假山堆叠精巧，四周配有天竺、枇杷、万年青、罗汉松等花木，其中罗汉松姿态挺拔，直径超过 70 厘米，也是数百年的古树。乾隆时期所建的“爱日堂”花园内，有百年桂花树一棵，树径 40 厘米，隔园闻香四溢；假山周围，还有紫薇、山茶、蜡梅、天竺、竹子等植物，两株山茶花尤其珍贵，是“十八学士”名品，均开十八色重瓣花，艳丽非常。

问村，还有“孟村”“文村”“门村”等名字，
每个名字背后又各有传说

链接 1

推开虚掩的门问千年

常熟市碧溪街道李袁村问村

2020 年入选 “首批江苏省传统村落名录”。位于常熟碧溪街道原浒浦集镇南约 1.5 公里处，常浒公路贯穿其间。近千年历史，为水陆交通便捷之地。2004 年，问村和李袁村合并，形成了现在的李袁村。全村 1129 户，在籍人口 4376 人，总面积 4.08 平方公里。

初闻问村，便肯定这是一个太有故事的村。问村，问啥？问了近千年，轮到吾辈了，继续问。到了问村，一条沿河蜿蜒的老街似并不见特别，与苏州城外众多传统村落一样，建设中，百废待兴。还是问村委会派出的“向导”小马吧：为啥叫问村？

建炎四年（1130），宋康王赵构为躲避金人追捕，携众人日夜兼程南下而来，至浒浦上岸。再南行，一河相隔望见一座桃花源般的村落，村民农耕渔牧其乐融融。疑惑间，忽现石桥浮起，遂骑马策鞭过桥，问：“此村何名？”“问村”即留名千古。

后来呢？赵构一行停留了多久？他们留下生活了，还是又去了哪里？传说的风筝就此断了线，无数种想象越飘越高远。老街北边的巨石板亦为传说之物，传是当年赵构渡河之石桥，桥上隐约着马蹄印……踏着老街的青石板路，心下思忖，这是千年之前赵构们踏过的路吗？时空的线条是否会在某一瞬间重叠？

小马补充说，问村除了“问村”，还有“孟村”“文村”“门村”等名字，每个名字背后又各有传说。譬如“孟村”，讲的是二十四孝之一“孟宗哭竹”的故事：“晋孟宗，少丧父。母老，病笃，冬日思笋煮羹食。宗无计可得，乃往竹林中，抱竹而泣，孝感天地。须臾，地裂，出笋数茎。持归作羹奉母，食毕，病愈。”

传“孟宗哭竹”之地正是问村。也是“须臾”明白了，貌似不特别的问村竟如此这般地与众不同。后人诗云：“泪滴朔风寒，萧萧竹数竿。须臾冬笋出，天意报平安。”

嘉禾六年（237），吴主孙权禁官奔丧，任职吴令的孟宗，仍不管不顾为母奔丧，之后自拘于武昌以听刑，出乎意外被罪减一等，理由正是少时大孝之举感动了孙权。之后，孟宗善始善终，一生平安。

旧时问村行客云集，商贾纷纷在此置业开店。小马说，沿街摊贩不算，营业店铺多达 90 余家。时代更迭，眼前不见了往昔的热闹，历史上的“十八景”所存无几，却满载着故事里的热闹。老街窄窄的，老街上的人满足又安宁，偶尔推开一扇虚掩的门，走出了薛家大院的邻居顾老师。

老街经过薛家大院

土生土长的顾老师81岁，一点不显老态。他教过书，当过工人。说起自己的亲叔叔，他一脸骄傲。叔叔参加抗美援朝，凯旋的时候村里还搭了台，为他开庆功会呢。猫儿狗儿们在身边穿来绕去，叫唤几声，整个老街突然有了声色。

问村老街55号、常熟市文物保护单位的薛家大院，门紧闭着，上了年纪的女主人过世不久，我们未敢打扰。高高的封火墙挡住了我们，挡不住蓬勃而出的银杏树冠，吐露金黄的季节了。

这是一座建于清代同治年间的宅院，砖木结构，坐北朝南。现存三进三院，两层砖木结构，硬山顶，外设封火山墙，平面布局对称，宅院规矩方正，进落有序。头进为门房；第二进为前厅，重檐，抬梁式，通面阔4间12.1米，通进深7架7.1米，后设砖雕门楼，上镌“四箴贻训”四个大字；第三进为正厅，通面阔3间19.6米，通进深7架9.1米，厅前并设两层厢楼，室内为方砖铺地。后砖雕门楼上镌“吉祥如意”四个大字及图案。其中内院组合考究，厅、室、房俱全，天井院墙错落搭配，花园、鱼池仍见踪迹。

老街上斑驳的门，就这样矮矮地一扇挨着一扇，屋顶上不知名的草木丛生，屋脊依稀可见吉祥图案；窄窄的街道上，不时看到门对门的两户亲近地敞开着门，如彼此敞开着心扉。小马就这样一家挨着一家地讲述，拎包上的小铃铛就这样一路轻摇过去，或遇一口井、一块被磨掉文字的洗衣石板……隔着路、门对门的老邻居彼此招呼着，近千年的旅程就这样浓缩在这条八九百米的老街上了。

已不能确定，鼎鼎大名的黄人故居是哪一间，只知晓他的后人仍住在这里。这位东吴

老街上生活祥和

大学教授著作等身，编著了中国第一部“最具规模、真正的”文学史，被誉为“南社才子”，并与苏州的李思慎、沈修、朱锡梁三人，被近代文坛合称“苏州四奇人”。有幸的是，曾在苏州大学图书馆拜读他的文学史原稿，乃其任教之讲义，字迹洒脱而从容。一个偶然的机会，又见到他的后人，对方告知，还有《中国哲学史》，遗憾只有散页若干了。

上溯“南渡世家”季氏始祖季陵，自扬州移居问村，身后葬于此地。近千年的光阴，子子孙孙延续着他的血脉，譬如明初之季篪参修《永乐大典》，等等，人才辈出。季陵，宋政和二年（1112）进士，三迁太学博士。高宗即位，从至扬州，任尚书右司员外郎、太常少卿、中书舍人等职，力主抗金。季陵生六子、分六房，浒浦有四房，而今仅存“大房”“前房”“后房”“南四房”等地名，史料证实，今问村季姓村民为季陵后裔。小马介绍，近有季姓纷纷自浙江及无锡、南通等地来寻根的。

老街和新街丁字交错着，交错着时空。北出老街上新街，过御渡桥。多少番风雨，多少度春秋，御渡桥已远非老人们记忆中的那个样子了；但是我们相信，就是在这里，宋康王赵构策马奔来，进入心目中的桃花源。桥堍，来自附近赵市的老伯正在爆炒米，香飘飘，引得村民围观；这个特有的江南景致早属罕见，老伯的那一套铁家什从他父亲手中传下来，依然灵巧，在场每个人都听到了儿时那一声诱人的“嘭”。

不远处，是李袁村问村名人馆，历史及其事件在这里不断转换着场景，斯人不在，流芳后世；而后世，在先辈的庇护和自己的轨道上，不紧不慢地生活着工作着。

白帆点点，我们是彼此的风景

吴江区松陵街道南厍村南厍

2020 年入选“首批江苏省传统村落名录”，已有千年历史。位于松陵镇西南，自古为太湖边的重要渔港。全村常住人口约 1300 人。总面积约 21.3 公顷。

第一次知道“南厍”，是因为一位年轻的语文老师，她是南厍人，师范毕业后分配到了我们学校。当她在黑板上写下“南厍”这两个字的时候，学生们都调皮地说，原来老师家在“南库”啊。这位美丽的女老师，不愠不恼，温温柔柔地说：“不是南库，是南厍（shè）。厍姓也是百家姓之一，只是现在极为少见了。在方言中，厍一般指村落。南厍的厍应该就是这个含义。”于是，同学们私下都爱叫她“厍老师”。

渐渐地，在“厍老师”关于家乡的各种描述中，南厍在我的印象中立体起来：

古时南厍别名简村，简村西南都是太湖水面。西望，太湖中洞庭诸山，

南库村西有一座永宁桥，和村东的聚龙桥相比，显得小巧玲珑

湖畔苇柳丛生，鸥鹭齐飞，湖面上白帆点点。这就是“松陵八景”之一的“简村远帆”，正如一首诗中所写：“万顷洪波三面山，绕村芦荻白鸥闲。飞篷百幅参差见，极目疑从鸟道还。”

南库港东西向从村落中穿过，村民们沿岸而居，村西就是太湖。据说南库港曾经盛极一时，因为那里是吴江松陵一带入太湖的必经之路，也是渔船的栖息之地。

“库老师”的祖辈也是渔民，儿时她常听家里老人说起，以前每逢开渔的时候，渔港就特别热闹，满载而归的渔船，一艘接一艘地开进南库港。青虾、大闸蟹、白丝鱼、白对虾……各种生鲜水产应有尽有。码头上人头攒动，鱼贩们也忙得热火朝天。“库老师”的爷爷常说，这些都是太湖的馈赠，大家要懂得感恩。虽然南库往日的繁华，或许都仅存于耄耋老人的记忆之中，但“库老师”说，南库渔港是每一个南库人的眷恋所在。

南库村东侧有一座聚龙桥，据说是明代万历年间所建，桥的东西两侧刻有对联，东向联为“文澜高壮银河色；虹势遥迎玉殿光”，西向联是“安梁累世朝金阙；凝秀千年映彩霞”。“库老师”在黑板上写下了这副对联，字迹娟秀。那一刻，我们都能感受到“库老师”对这个生她

现在的生活更舒适了

养她的地方的眷恋和骄傲。村西侧还有一座永宁桥，和聚龙桥相比，显得小巧玲珑。“村里的人呀，就喜欢在桥边散步，唠唠家常话。”“厍老师”软软糯糯的话语里，带着一种温和、怀旧的韵味。

“不打不成器”，“厍老师”常用这句话教育我们。这也是她小时候父亲常跟她说的一句话。“厍老师”的父亲做过铁匠，更懂得“不打不成器”的意义。俗话说，世上有三苦，撑船、打铁、磨豆腐，一语道出打铁这个行业的艰辛。“厍老师”说，无论春夏秋冬，父亲都要围在火炉边干活。流动的火星、飞舞的铁锤、抡起的臂膀……这些画面时常会在她眼前浮现，朴实而又生动。可惜后来随着时代的发展，小作坊式的打铁铺渐渐被流水线取代。

在“厍老师”的“锤炼”和“敲打”下，我们都考上了理想的学校。很多年过去，偶然从同学那得知，“厍老师”因为爱情，远渡重洋去了海外。这一次，“厍老师”离她的“南厍”有些远了。但没关系，只要南厍港还在，聚龙桥还在，石板街还在……她心中的“南厍”就一直在。

对南厍的感情再一次被激发起是因为朋友圈里一位民俗专家发的她和一对老夫妻的合影。这对老夫妻已有九十多岁高龄，在南厍村生活了一辈子，老先生每天买菜烧饭洗衣服照顾小脑萎缩的老伴。照片上老先生满脸笑容，老太太面对镜头有些娇羞地捂着嘴。这样的画面让我心里一动，眼里一热。

于是，一个秋高气爽的午后，我终于站在了聚龙桥上，想象着和“厍老师”一起极目远眺，仿佛能看到旧时码头的熙熙攘攘，听到沿河两岸人家的家常闲话……那一刻，我真正理解了她对这个村子的眷恋。

在老街上随意走走，见廊棚下坐着几位老人在话家常，便凑上前去搭话。从他们的口中，我对“厍老师”的南厍又有了更多的认识：

80 多岁的秦大爷说原来南厍村西边沿太湖的堤岸曾铺满了石条，传说是仙人所筑，石条采自东山，每个石条下有个草把，石条便自己从东山漂过来垒砌而成。当然这都是传说，但已经深入南厍人的心了。古老的南厍村，也因为有了这些传说而更添了些神秘感。

91 岁的沈老先生说，以前南厍街从东到西都是砖木搭建起来的廊棚，下雨天不用撑伞，烈日下不用遮阳。可惜现在只有一间老廊棚了，其他的都没能保留下来。街上原来很热闹，有茶馆、裁缝店、剃头店、铁匠店、竹器店、药材店等店铺，现在没有以前那么兴旺了。不过这几年村里进行建设，环境有了很大的改善，老百姓的生活也更舒适了。“我觉着我能长命百岁哦！”老人爽朗地笑起来。

告别廊棚下的“家长里短”，顺着石板街往前走，沿路可见用旧砖旧瓦砌筑的花坛、路面等，简约古朴；随处可见的墙面涂鸦充满了乡村野趣。路过一处老理发室，内里摆设有些陈旧，旧式推子的声响更增加了些年代感。还有一处铁匠铺，招牌是上世纪 80 年代的风格，可惜关着门。另外敞开门板的几家小店，似乎等人聊天的意味更大于欢迎选购。一直走到村西的城隍庙，香炉有些东倒西歪了，香灰倾倒在土黄的墙面上，留下了灰色印记。

从老街往回走的时候，遇到了一个小女孩，欢快地边走边跳，还时不时停下来闻闻路边的花香。“厍老师小时候也是这样的吧。”南厍，遇见的多为老人，这个小女孩的出现，给这个村落增添了些活力。

更让这个村落充满活力的，应该是一处名为“白相里·绿水人家”的民宿聚落。这里由 15 栋农房改建而成，既有传统村落的静谧，又有必需的现代设施。听村里人说这里经常会举办摄影展、文化沙龙、民宿体验……在白相里，没有乏味，只有惊喜。“我们都是彼此的风景，和爱你的人一道来白相里。”很希望“厍老师”能带着爱她的人一道来南厍“白相”。

陆巷的古建筑木雕

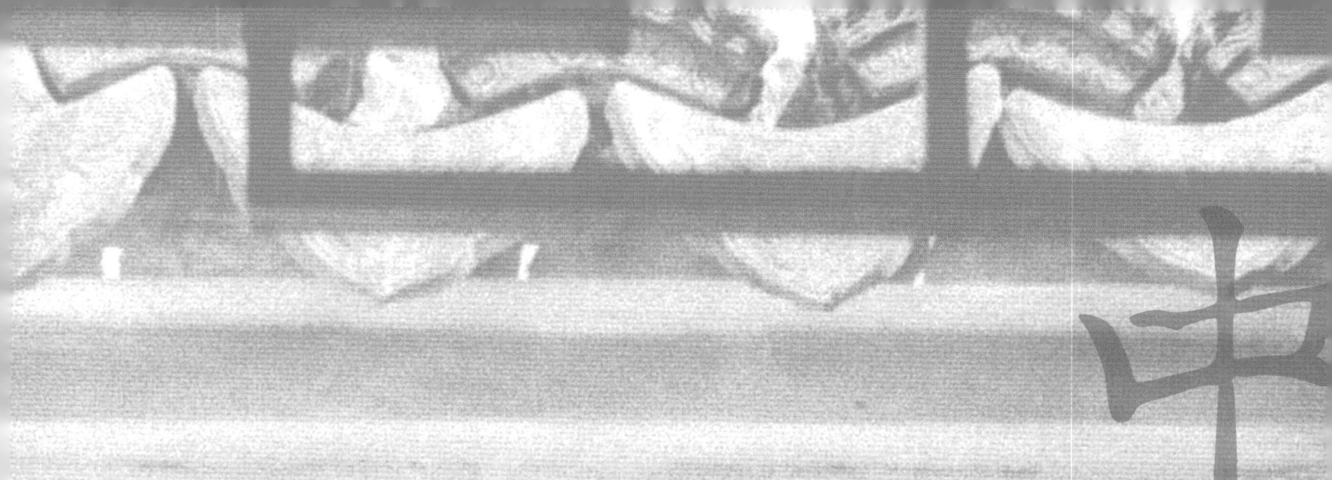

中篇

稻花香里造丰年

题记：旧时明月，今朝生辉。沿着集体记忆的线索，古老的民风民俗、物产美食，一路活跃着走到今天的特色旅游、新兴衍生产业，与静态的村落格局、传统建筑群落融为一体，共同见证传统村落的源远流长。

科学规划、传统建筑修缮及原址重建、生产建筑遗存及闲置房屋改造、公共空间扩建……在苏州市住房和城乡建设局的保护与更新中得到『再生』的传统村落，积极创建『特色田园乡村』，各项产业配套设施建设方兴未艾，使得民俗节庆大规模、有节奏地呈现，鱼羹稻饭何处不飘香。

太湖畔稻花香，村庄静美

村居临河见新，而风尚依旧

第一节　穿越时空的守望

“十里同风不同俗”，苏州传统村落分布广泛，各地风尚不同，四时有异，都是为追求美好生活而体现在衣食住行的方方面面，如婚丧嫁娶、造房上梁、修订宗谱、逢年过节、民间崇信等，产生于传统村落特有的肌理中，是村民生活方式的重要呈现，是传统村落整体风貌和不可分割的重要部分。择其善者，利用好，开发好，实现从民俗节庆到特色旅游节目的转型，更多地展现非物质文化遗产的表演功能，大有可为。

譬如张家港市塘桥镇金村庙会，又名永昌庙会，起源于宋代。2008年以来已连续举行12届，年年万人齐聚，成为当地的文化符号，被列入第四批国家级非物质文化遗产名录。每逢出会，传统的调龙灯、舞狮、荡湖船、挑花篮、打莲湘、坐花轿、太保轿、抬表亭、抬台阁、民乐合奏、威风锣鼓等37种民俗文化连续亮相，表演队伍首尾长1公里，在金村集镇大街和周边乡间大道上，行程10公里，彩旗招展，锣鼓喧天，沿路群众放鞭炮相迎。

譬如昆山市张浦镇姜里东岳庙会，把传统文化、农耕文化、非遗文化等元素融入其中。“姜里庙会”及“姜里山歌”被列入昆山市非物质文化遗产名录。每年农历三月二十八日和农历四月初一至初三举办，画糖、剪纸、中国结编织、草编棕编、龙凤花鸟字、蛋画、金石篆刻、肖像绘画、金属丝工艺、龙须糖制作等传统民间手工艺展演引来游人争睹，当地特色农产品展、特色小吃集市人头攒动。2016 年姜里庙会，专门以展现昆山非物质文化遗产为主题，开幕式上重点展现昆山 11 个区镇特色传统文化、民间特色小吃，还有纺纱、竹编、游船等农耕文化的展览。

譬如吴中区东山地区庙会，逢农历六月廿四“荷花生日”举办，目前为止已连续举办 14 届。最大特点是“葑山赏荷”，这个古老的节目，为苏州地区唯一的传承。

譬如东山猛将会、树山村猛将会，为纪念明代灭蝗灾救民的刘大将军而经久不衰，至少保持着一年一度的节奏，可见其盛大场面。“抬猛将”，是民俗演出的核心部分，“猛将”出巡的线路，吸引了众多村民和游客自发跟随。

譬如东山台阁，被列入江苏省非物质文化遗产名录。台阁，又称“抬阁”，意即抬在肩上的戏台、流动在大街上的戏文，起源于宋代，盛行

搭建木椽堂操办红白喜事的风俗，是村民生活方式的重要呈现

于清代康熙年间。目前东山镇 12 个行政村中，有 7 个村恢复了台阁表演及百余人的东山台阁表演团。陆巷、碧螺等村为“台阁文化保护村”，对 20 多名台阁师傅实行重点保护；“许仙借伞”“水漫金山”“武松打店”“落金扇”等粉墨登场。

还有诸多村落在各个时期得以流传的各种文化形态，如吴中区临湖镇黄墅的传统工匠文化、昆山市淀山湖镇六如墩的葫芦文化等，已深深嵌入村民的日常形态中，波澜不惊，却源远流长。

在此过程中，一些传统村落或因年久失修，或因空间局限等，而遭遇创建、发展的“瓶颈”，各级政府于是通过公共空间的改善、扩建，传统建筑的修缮、重建等，乃至整个村落的总体设计、建设，使得穿越千百年时空而来的民俗节庆，持续大规模、有节奏地出现于街头巷尾，融入静态的传统建筑空间，是传统村落守望中的活态传承。

张家港金村恢复老街

民俗文化拓展当代生活

近年来，诸多传统村落坚持“文化立村，经济强村，旅游兴村，生态美村”，精心规划，实施公共活动空间的扩建、改造的系列工程，以突破“瓶颈”谋求活态传承与发展，并滋润、优化和拓展了当代生活。

张家港市塘桥镇金村，拥有上千年的历史。晋代即有村落，唐代称“太平乡永昌里”，宋时称“潘圻村”。明代洪武初年，金氏先祖从浙江兰溪辗转到此定居；其时，村旁有水名“暗泾”，夹岸榆槐枫梓，交柯蔽荫，数千只乌鸦筑巢其上，因乌鸦有母慈子孝美德，故称“慈乌村”。金村巷门曾有“慈乌启瑞”题额，清代雍正年间改称“金村”。旧时金村与恬庄、福山、庆安是常熟北门外四个有名的繁华村镇，明末清初达鼎盛期。

为重现当年盛况，文化底蕴深厚的金村，改造老街，恢复古街，重建永昌街，打造金村苑，重建永昌寺，增建金村广场和暗泾河水上长廊等。一年一度的金村庙会就在金村文化广场盛大举行，数万民众汇聚于此，民俗活动和非遗展示精彩纷呈。

姜里，打响知名度，让更多的人熟知她宝贵的文化遗产

因姜里独特的地理特征而将其广场建为“八卦”的形态

昆山市张浦镇姜里，除了重新修复800余年的东岳老庙和200多年的响铃桥外，还投入巨资新建了现代化的“八卦”文化广场。这个广场，2009年投资建造的时候面积达3150平方米，是一个综合性的群众文体娱乐广场，因姜里独特的地理特征而建为“八卦”的形态。文化广场与姜里村的八卦形状浑然一体，成为村民休闲、健身及交流信息的好去处。

每年一次的姜里庙会，就在“八卦”文化广场举行，作为一项公益文化活动，姜里庙会传承文化传统之余，也进一步打响了姜里的知名度，让更多的人熟知姜里宝贵的文化遗产。

六如墩以葫芦文化为特色

昆山市淀山湖镇六如墩，属永新行政村，村内有两个近似圆形的湖相连，从空中俯瞰像一个葫芦。传说古时这里每年干旱，百姓闹饥荒，一跛足道士解下背上葫芦，葫芦深似海，道士把葫芦里的粮食分给百姓。此人就是“八仙”之首的铁拐李，他把葫芦和铁拐摔在村东的空地上，顷刻间，出现南北两个大小池塘，中间一条小河，形似一个大葫芦。

永新村于是以葫芦文化为特色，建立起葫芦原料种植供应基地和葫芦工艺展示厅。在重点落实垃圾处置、水环境管护、农公厕管护和村容村貌提升建设的过程中，增建了很多公共活动空间，如湖心亭、小广场、戏台等。

东山传统建筑修缮现场

容春堂中路五进为当年主人居住，门楼上有明代麒麟，为近年修复

传统建筑修缮“不改变文物原状”

传统建筑与民俗活动，一静一动，互为关照，同为“乡愁”主题和文化传承的载体，不可或缺。

作为文物价值极高的文化遗产，传统建筑无一例外地不能承受岁月蹉跎或战火焚毁，传统建筑保护的重要性毋庸置疑。一方面以“不改变文物原状”为原则：原材料、原工艺、原形制、原做法。另一方面作“最低限度干预”，根据实际情况确定修缮方式，或日常维护，或局部揭顶，或揭顶不落架，或落架大修；其中强调的是，能不落架的就不落架，能不揭顶的就不揭顶，即做到少干预。随着经济发展，人们对于传统建筑保护意识的增强，防患于未然的“预防性保护”被提上议事日程。此外，修缮之后，在保护的前提下如何利用，亦成为一个值得研究的课题。

东山镇人民政府为本地传统建筑的现状和发展定下基调：保护！据统计，东山地区 70% 以上的传统建筑存在一定的安全隐患，亟待保护的传统建筑已超过半数；而每一套传统建筑的修缮、保护周期都相当漫长。东山镇人民政府将所有现存传统建筑分类归档，并完成扫描，以数字形式保存；针对损坏程度制定不同的保护措施，出台可为私人修缮村民提供 30% 资金的奖励、争取社会资本等政策，并厘清产权归属。

修复后的第一进门楼

东山容春堂，位于翁巷，为江南厅井式民居的典型代表、东山现存最大的明清古民居建筑群，厅堂结构相对复杂，采用抬梁穿斗混合式梁架。当地人称之为“一百零八间”，暗含“一百零八星宿下凡人间”的吉祥寓意；它的修缮及以此为前提的开发利用，便是例证之一。

占地5亩余，坐北朝南五进格局，一字排开东、中、西三路。现存主体建筑建于晚清，为门厅、轿厅、大厅、女厅、堂楼、备弄、花厅、住楼、花园与园林建筑，形制保存完好，每一个小转身都有意趣。各幢房屋彼此独立，又由备弄、天井、庭院等过渡空间相互联系，建筑组合和内部结构丰富。但因自然力影响，出现屋面漏雨，木构件糟朽、缺失，墙体粉刷层剥落，油漆剥落褪色等情况，部分房屋存在坍塌险情，亟待修缮。

总体按原状修复以“最低限度干预”，对各路各进逐一诊断、修缮。如第一进门厅，针对屋面瓦件松动、缺损，导致多处漏雨，现存天窗与传统形制不符的情况，按原材料、原工艺、原式样、原做法铺设屋面；针对大木构局部木柱开裂的情况，施工时进行全面检修；针对门窗缺失、现存玻璃短窗与传统样式不符的情况，按原规格、原工艺、原形制更换构建；针对墙体粉刷霉变、前檐口抛枋颜色剥落、后双步处坐槛局部缺损、砖块裸露的情况，按原材料、原工艺、原式样修复墙体，按原纸筋灰抹面做法重新粉刷；对部分水泥地面，铲除水泥地坪，恢复方砖，更换破损严重方砖；对保存基本完好的石作，清除所有鼓磴，施工时对其做好防护措施；针对油漆剥落褪色严重的情况，按原材料、原工艺、原式样重新油漆；针对后天井两侧地坪杂草丛生的情况，则铲除地坪杂草及青苔。

2020年，历时两年“不改变文物原状”的修缮后，容春堂变身为独具情怀感和年代感的“精品茶文化酒店”，实现活态化传承和保护。遵循苏州东山的传统文化，融入东山特色的碧螺春茶，使古色古

各幢房屋彼此独立，又由备弄、天井、庭院等过渡空间相互联系，建筑组合和内部结构丰富

修复后的铺地

香的容春堂“一百零八间”渗透出本有的韵味。

在保持原有传统建筑格局不变的基础上，容春堂在四个独立合院中辟出16间客房。中路与西路的第三进、第四进院落，作为主要的居住空间，依据其各自特色分别命名为中庭、榉香轩、花厅、西庭。第五进建筑已不存，现为百年桂花圃，移步易景，相映成趣。

客房内部保持简洁的原木风格，部分水泥地面，与传统老物件及老宅院本身的雕梁画栋融合，达到平衡。房与房之间的厅堂被改造成茶室、读书室、儿童功能区。庭院中保留了“笔锭胜天”石刻、“贻谋燕翼”砖雕、“平升三级”地铺、“暗八仙”“山雾云”绿琉璃花窗以及其他极具清代苏派民居特色的精巧内饰。

还依据时节准备多样体验：手作团扇、传统糕点、盆景、昆曲、评弹……在古典苏式庭院中尽享吴地传统文化之美。

金庭镇人民政府近15年间修复、重建传统建筑近60处，约1.5万平方米。2005年、2006年，出资修复了明月湾的黄家祠堂、邓家祠堂、明月寺、礼和堂、敦伦堂、秦家祠堂、瞻瑞堂、裕耕堂等约8000平方米的古祠堂和古民居，并于次年陆续开放；2019年修复了明月湾的瞻乐堂，2020年向游客开放，整个明月湾也焕然一新。

修复后成为休闲空间，渗透出本有的韵味

西山宁远堂，位于角里牌楼头31号，为清代民居，2009年第三次全国文物普查时被公布为“不可移动文物”。原为村民郑家私产，2019年由衙角里村委会收购并修复，总投资300万元，修复门屋、楼厅、附房等单体建筑，建筑面积280平方米。

门屋面阔五间，进深四界；东梢间作门间，大门北向，步柱间设将军门，前界做弓形轩，大门前设青石台阶三级。楼厅面阔三间，扁作承重，圆作四界梁，檐口板透雕，有挂落；东面与门屋后轩相连，西有附房、灶间两间。

修复后的宁远堂，作为衙角里村党群服务中心和新时代文明实践站开放，内部还设有村史展览、农家书屋等。

张家港凤凰镇恬庄杨氏孝坊、榜眼府第损坏严重，部分建筑全毁，2006年起修缮时坚持“不改变文物原状”的原则，不以主观意志任意发挥，最大限度地保留了原有构件。

宁远堂修复门屋、楼厅、附房等单体建筑，建筑面积 280 平方米

张家港杨氏孝坊，建于清嘉庆十一年（1806），为表彰孝子杨岱而建，是典型的清代官式建筑，为全国重点文物保护单位。

根据现场测绘分析，对“杨氏孝坊”四进建筑物按损坏程度采取不同的修缮方法：门厅、仪门采用打牮拨正的方法，即先揭除瓦顶，拆下望砖和木椽，并将木构架的榫卯缝隙清理干净，拆除打牮时容易损坏木

杨氏孝坊对于缺失的构件按原工艺、原式样、原材料进行恢复

构件的铁件，增加临时支撑。对于缺失的构件按原工艺、原式样、原材料进行恢复。大厅木构架已不存在，按原遗址的开间、进深进行重新制作安装；前檐柱与前廊柱间设廊川，前廊柱与前步柱间设翻轩，前后步柱可设内四界扁作之制，安草架，后步柱与后廊柱间设双步。屋面采用鱼龙吻屋脊。后厅缺失构件多，木构件损坏也多，采取落架大修的办法，即落架前对构件统一编号，编号标示与图纸相一致。在拆卸过程中，采取措施防止榫卯损坏，妥善保护木构件上的墨书题记等原有历史信息，避免损坏；修补的木雕、砖雕、石雕新旧雕件做到严密牢固、光滑平整，补配的构件与原有风格保持一致。

尽量保留原有墙体，加固有危险的墙体；严重影响安全的作局部拆除重砌，维修用砖尽量使用原砖，新砖使用青砖。墙体维修砌筑尽量采用原墙体砌法或传统做法，原有旧瓦、望砖等尽量使用，集中放在正间主立面。屋面施工保证提栈曲线平整，瓦垄垂直，屋脊垂直，线条流畅。原有地面方砖基本不能利用，采用新方砖铺地，新铺地面平整，垫层密实，方砖地坪不得高于原磉石。构件的油漆应色泽均匀，表面平整，油漆前

全面修复完成的杨氏孝坊，有门厅、仪门、大厅、后堂四进，并对外开放

应先制作油漆样品。对于时代早、价值高、保存较完好的梁架以及雕刻精细的木构件保留原样，不做油漆，用稀释的清漆封护。

全面修复完成的杨氏孝坊，有门厅、仪门、大厅、后堂四进，并对外开放。第一进正厅宽 17.9 米，进深 6.4 米，高 6.32 米，6 柱，前后包檐设十字形斗六升，凤头昂及云头挑梓桁，正贴脊柱落地的扁作厅堂。厅内还存放近年来挖掘出来的港口、恬庄一带墓志铭、碑记等 30 余块。第二进后厅建筑规模与前厅相仿，前包檐柱头铺作设十字形斗六升，间铺作为一字形斗六升，内四界扁作厅堂。北墙有清嘉庆年间的书条石两组共 6 块，另有清代行省颁发的《杨氏义田负税》执照石刻 1 方，其中大部分石碑已转移他处保存。第三进存部分石礅。第四进为五开间，前加两辅房，烽火山墙形式。

榜眼府第既有清初仿明代建筑的风格，又有清中后期的建筑风格，建筑形制规格很高

榜眼府第，对于时代早、价值高、保存较完好的梁架以及雕刻精细的木构件保留原样

榜眼府第，为全国重点文物保护单位，既有清初仿明代建筑的风格，又有清中后期的建筑风格。建筑形制规格很高，根据现场测绘资料及历史沿革资料分析，现存四进建筑其“云头挑梓桁”以及大厅后包檐 “插拱造”之制等，是典型的清代官邸建筑。

原五楹五进，即门厅、轿厅、大厅、前楼厅，第五进后楼厅已毁。在修缮现存四进建筑物的同时，恢复第五进后楼厅、北侧生活用房和花园，两侧设转楼与前楼厅相连。在门厅前恢复“福”字照壁。对四进建筑物根据残损程度采用“落架大修”“打牮拨正”“整体加固”等修缮方法，木构架安装前检查榫卯紧密度，校验轴线柱网，安装时进行水平校正和垂直校正；最大限度保留原构架，修补与更换构件按原材料、原形式、原工艺制作。构件的油漆做到色泽均匀、表面平整，油漆前先制作油漆样品；对于时代早、价值高、

保存较完好的梁架以及雕刻精细的木构件保留原样，不做油漆，用稀释的清漆封护。竣工后设置沉降观测点，进行长期观测。

经修复及部分重建的榜眼府第，面积达 1356 平方米，并如期对外开放。中路大厅通宽 16 米，进深 11.2 米，高 7 米，柱础为青石鼓墩，抬梁结构，正桁描金重彩花绘，寓意富贵吉祥。大厅和楼房间有北厢房和转楼连接。整个建筑群构成“中路”建筑，在“中路”建筑北侧恢复东厅、花厅、厨房及杂物间等构成“北一路”；继续向北复原船坊、亭、廊、曲桥、花园河等，构成“北二路”，恢复奚浦塘西岸码头（大水栈）；第五进的后楼厅原貌重现。

榜眼府第为杨氏住宅，最早为杨岱所建，杨岱曾孙杨泗孙考中榜眼，退居乡里，门前立四根旗杆，因此当地人又称“旗杆里”。

从生产建筑遗存到“匠心工坊”

临湖镇黄墅，位于苏州市吴中区临湖镇灵湖村，西邻太湖，北依第九届江苏园博园，是环西太湖沿线的一个重要窗口地带村落，地处太湖生态保护区内，是典型的太湖村落景观，自然生态非常优越。十年前，它还是一个“贫困村”。

近年来，黄墅对村落进行了综合性整治提升，包括水系疏浚沟通、树林开放延伸、田园全面梳整等，使村落、水系、树林、田园等，既轮廓清晰又相互交融，成功打造了一个富有江南水乡气质和人文底蕴的传统村落。

乡村产业发展的过程中，黄墅遗存着大量不同时期、不同类型的生产建筑，这些建筑随着历史与时间的变迁，成为乡村风貌的一部分，融入村民生活，变成一代又一代乡村人生活的记忆与乡愁的组成，在乡村中呈现出自身的特点。

近年来，黄墅对村落进行了综合性整治提升

譬如利用东北角的老旧厂房，改造提升为“匠心工坊”，集中展示传统工匠文化，弘扬和宣传工匠精神，吸引更多的年轻人传承和发扬传统手艺。虽然这个老旧厂房的生产车间与村落的肌理、风貌不尽协调，但其作为村落发展历程中的真实存在，不可忽略。于是，依托匠人文化回归，结合“特色田园乡村”建设的功能策划，黄墅利用既有厂区建筑进行改造，生产车间保留其钢结构，拆除屋顶等围护构件，拆除加建临时建筑，保留仓库和宿舍；除了将厂房硬质地面用绿荫空间进行填补外，还在保留建筑间隙植入不同主题的绿化院落。树荫之下，成为共享集市、露天剧场、休憩空间。通过这个“绿色补丁”，织补村落森林绿化。

整个匠心工坊的建筑、景观，甚至门窗细部都是“匠人文化”的展示载体。可以说，整个匠心工坊就是一件匠人文化展示的“大展品”。中国传统

1.2. 砖、石、竹、木、瓦，既是匠心工坊的展示主题，同时也是改造设计中主要运用的建筑材料

3. 将旧厂房做成图书馆

建材中五种典型的建筑材料，砖、石、竹、木、瓦，既是匠心工坊的展示主题，同时也是改造设计中主要运用的建筑材料。村中的石匠、木匠、泥瓦匠等匠人作为“乡贤”，参与到匠心工坊的实际建造中来。工坊落成后，他们又作为老师在这里教授年轻人、儿童，让传统技艺得以传承，还丰富了游人的匠人文化体验。

同时黄墅以匠心工坊的场地为发起点，引导村民对村落核心区进行生态修复。通过疏通、治理、新掘等手段，使得被近现代建筑破坏的水系重新

Café & Restaurant

在『最土』的房子里，喝『最时髦』的咖啡

环通，这样不但有益于水质的提升，修复的水系还可作为独木舟划行通道，从匠心工坊出发，欣赏村落，体验密林和湿地。

显然，匠心工坊很好地弥补了村落发展所欠缺的文化展示、产业激活、公共活动等共享空间，是一个功能复合的村落活动中心，对于黄墅发展和生活水平提升的重要意义不言而喻。

“在最土的房子里，喝最时髦的咖啡。”村里引进的第一家乡村旅游的网红咖啡馆也是由一个废旧仓库改建而来，保留了传统夯土结构房屋的风格。木屋、木栈道、绿化景观等元素，以一种开放式的结构融合在一起。

留下老建筑，也留下老建筑的细节。“1978 咖啡店”是黄墅自己的咖啡馆。这处老房子，曾是设计师驻村的办公场所，之后成为村务工作站。为了充分利用这一建筑，一家传统农村元素与现代咖啡相结合的咖啡馆于 2020 年 5 月开业。房子没有特地改造，只是用钢结构撑起来，屋顶进行了加固，甚至留下了老灶头和一堵 70 年前的泥坯老墙。

另外，村里那些“时髦”的民宿都来自村里的老房子。其周边的风景，也得益于村边深邃的防护林。以敞开的、原汁原味的方式呈现太湖乡村特有的风貌。

留下老建筑，也留下老建筑的细节

各级政府注重各项产业基础设施配套的规划、设计、建设、改造与完善

第二节 “老味道” 新天地

挖掘文脉、村史、风俗档案的过程中，苏州传统村落尊重历史，科学规划，力求将“无形”的文化内涵转为“有形”的生产、生活资产。文化、旅游、商业齐头并进，安居、乐业互为促进；富饶的传统地方物产、美食及手工技艺成为现代产业的核心内容。

各级政府注重各项产业基础设施配套的规划、设计、建设、改造与完善，从物质层面给予支撑并持续推动进程，提升传统村落的发展功能。各地区各村落从自身特点出发，引进强有力的规划、设计团队，实施污水治理、景观绿化、三线入地、道路铺装、旧房改造等实事工程。“特色田园乡村”造丰年，万里稻花飘香。

迎湖村田园休闲

相城区掠影

望亭镇迎湖村，位于相城区北太湖旅游风景区核心区域，古老的稻作文化由此发轫，入选“江苏省乡村旅游重点村”。

这里曾有隋朝设置的望亭古驿站，仍保留着古代农耕的遗迹。骑行于北太湖大道，近7公里长的湖滨风光与8000亩稻田互为映衬，泥墙瓦舍如诗如画。

风景区全面整合太湖、农业旅游资源，设计开发了一系列精品旅游线路与产品，“稻香公园”“油菜花海”“坝上风光”“二十四节气有声主题墙绘”“长洲苑湿地保护区”等不同主题的生态景点穿插其中，每年举办“菜花旅游节”“稻香文化节”等。

其间，风景区在规划中被定位为集生态体验、田园休闲、康养度假、乡村文创等多功能于一体的“城乡发展共同体”“城市大花园”，实现“一产接二联三，现代农业振兴，休闲旅游发展”的转型发展。同时进行农村人居环境整治，累计投入资金3000余万元，陆续解决了垃圾处理、污水治理、村庄绿化、村道硬化等问题，新建了公共停车位、小游园、垃圾分类亭等一批基础设施，村容村貌显示独特气质。

仁巷驻村设计师团队从《望亭镇志》的文化细节着手

望亭镇仁巷，属迎湖行政村。紧邻太湖边，水、村、田融为一体，坚持绿色发展的现代智慧农业理念，一颗稻米一粒珍珠，精耕细作，入选“江苏省特色田园乡村”。

以有机耕作方式，致力于推广“天然”“无毒”“宽心”的有机农产品，通过国家有机农产品认证；水稻、小麦秸秆还田综合利用率达 100%。

其间，驻村设计师团队从《望亭镇志》的文化细节着手，选择“亭文化”作为主要元素。“御亭”是古代漕运的驿站，望亭文化是以“御亭”为代表的。规划层面上，提出“千米果蔬 · 百米一亭 · 十米一林”的总体格局；设计层面上，构建了仁巷“十八亭”的特色布局；从而在空间上强化村庄文化引领，内容上实现从书本到场景展示。

1 2

1. 整治后的南河港

2. 以“太湖稻作发轫地、现代农业智慧港、鱼羹稻饭品牌村”为发展目标

望亭镇南河港，属迎湖行政村。入选“江苏省特色田园乡村”，规划范围1.11平方公里，以“太湖稻作发轫地、现代农业智慧港、鱼羹稻饭品牌村”为发展目标，划分为休闲产业板块、有机稻田板块、稻田民宿板块、生态林地板块以及保留村庄板块五大板块，配套相应的道路、水电、通信等设施。

其间，南河港共实施产业基础配套项目21个，总投资约4266万元，对民房、公共建筑、公共空间、生态环境及重要节点进行特色化设计，针对风貌破败的建筑进行修缮，对河道、农田进行整治，通过建设形成了湖田相望、水村田一体的独特村庄景观。

吴中区掠影

横泾街道东林渡，是苏州为数不多的纯农业村，入选“江苏省特色田园乡村”。

独特的湖畔田园风光，吸引市民前来欣赏“十里稻花香，百亩油菜黄，万顷太湖美”的田园风光。依托稻米产业 IP，优势打造横泾大米，获得“无公害农产品证书”“江苏好大米”“苏州大米区域公用品牌”以及“苏州高标准田园小综合体”等殊荣。

其间，林渡暖村邀请建筑大师以乡建美学改造村落，通过借景造景的方式扮靓乡村颜值；把具有时代记忆的旧物件融入景观节点设计，最大程度保留、展示乡土特色，构建具有标识性的聚落形态，在横泾街道南部片区实施整体规划与成片。

东林渡以乡建美学改造村落，通过借景造景的方式扮靓乡村颜值

角直镇田肚浜，坐落于物产丰饶的澄湖西岸，主要以优势特色农业为基础，发展休闲旅游业与现代农业生态园，入选“江苏省特色田园乡村”。

周边农田环绕，土地肥沃，水网密集，村民以种植“水八仙”为主。其中俗称“鸡头米”的芡实近年更是远近闻名，“八仙十美”系列卡通形象及衍生文创产品应运而生。并在村落南侧利用存量耕地进行无害化精品水田种植，形成集生产观光、教学体验的农耕文化、民俗文化、水乡文化于一体的示范体系。目前，湖浜菜籽油、生态大米两个系列已量产。

其间，为改变村庄杂乱、绿化市政单一化、村口封闭、水系不畅、道路失修、村民集中

改造后的村口景象

田肚浜坐落于物产丰饶的澄湖西岸

村民以种植『水八仙』为主

活动空间缺乏等状况，采取了一系列措施。首先，重点修复村落水生环境，对整个村落进行河道清淤，共疏浚河道1200米，打通田肚浜东侧断头浜，促进村内水系循环。其次，结合特色水生植物净化，利用外高内低的地形构建水流通道，通过道路和周边地形对雨水径流进行精细化人工调控的方式，实现安全理水、保水、蓄水和用水。在村口设计了“阡陌梯田”，既是吸引游客目光的水八仙种植示范田，又能通过层层梯田跌水。第三，在中心区域的大榉树下，利用原有闲置用房改建设立“乡邻中心”，在保留原有建筑形态的基础上，进行建筑立面和内部的更新，包括村民议事堂、农家书屋、小卖部、榉树小剧场，集中展现乡村生活氛围。

越溪街道西山塘，这里果园、茶圃遍布，村落、水系、田园、山林彼此交融，产业结构调整因地制宜。

西山塘凭借区位优势和文化特色，入选“江苏省特色田园乡村”。村里创制“越来溪”茶叶品牌，聘请专业人员进行茶叶采、炒，指导村民学习制茶技艺，发展当地特色产品，集体经济和人均可支配收入稳步提升。

其间，“特色田园乡村”建设一期在2019年进入全面施工阶段，打造“画眉文化园”，建设别有情趣的民宿群体，“不舍张桥”“画眉里”“上金湾7号”“我在张桥等你”等，茶室、咖啡、餐饮、住宿，形成一个特色文化商圈。“特色田园乡村”二期建设将继续把重心放在产业发展和文化建设上，优化茶叶、草药、民宿、茶室、餐饮等产业链，将中医药养身与文旅相结合，发展静心养生路线。

西山塘建设别有情趣的民宿群体，形成一个特色文化商圈

拥有众多名胜古迹

钱家坞将“农家乐”民房设计为苏式古典园林式建筑

越溪街道钱家坞，拥有宝华寺、九龙潭、西施塘等众多名胜古迹，完美诠释了“山水叠翠江南韵，生态吴中桃花源”的田园生态，被规划为“农家乐聚集区”。

其间，按照“保留民房主体，适度拆除旧房，保持乡村风貌”的原则，村里进行改造建设，将“农家乐”民房设计为苏式古典园林式建筑，通过建造一批特色项目打造知名度，吸引越来越多的游客前来观光体验。其中农耕园和葡萄采摘园，为现代都市人提供农事体验消费。农耕园占地 10 亩左右，根据不同时令季节提供品种多样的蔬菜种子，前来游玩的市民可以认种一小块田地，根据自己的喜好挑选种子栽种，体验农耕劳作的乐趣。

东山镇杨湾村西巷，位于太湖东山半岛最西南端，三面环湖，碧水连天。山林里“茶果间作”，种植杨梅、碧螺春等果树、茶树，发展特色果茶产业；还有 21 种青蛙，可感受“听取蛙声一片”的田园意境，形成“山水田林屋”的乡村风光，入选“江苏省特色田园乡村”。

其间，在保持太湖原乡自然风貌的同时，大力推进基础设施建设，开展水环境整治，利用闲置旧物、村民房屋，打造“青蛙科普展览馆”等，展示“青蛙村”形象。

利用闲置旧物、村民房屋，展示西巷“青蛙村”形象

舟山村按照“一轴、两带、四区”的空间布局，进行基础设施项目建设

舟山村创建核雕园

高起点、高标准打造“中国核雕第一村”

核雕收入占当地农民家庭收入的七八成

香山街道舟山村，地处苏州中心城区西南部，坐落于穹窿山脚下，南临太湖之滨，核雕传统手工业闻名中外，成为舟山村以及周边地区的主要经济来源、独树一帜的地方性文化产业。核雕收入占当地农民家庭收入的七八成，以前一些村民外出打工，后来也回村加入传统特色产业的行列。

其间，舟山村按照“一轴、两带、四区”的空间布局，进行基础设施项目建设。“一轴”即一条文化轴；“两带”为一个滨水景观带，一个山林生态景观带；“四区”是核雕文化展示区、核雕艺术体验区、古街休闲体验区和禅意区。通过南入口景观、入村道路桥梁、三线入地、雨水污水管网、公共卫生间、垃圾中转站等建设，完成了核雕艺术馆、大师工坊、风情街、桃园小筑等主要商务项目，更新完善了村内外标识标牌，完成了村内外立面改造、道路铺装，安装了景观小品、路灯、监控系统等，高起点、高标准打造“中国核雕第一村”。

环太湖生活污水“全收集、全治理”，治理率达100%

东、西山地区掠影

东山镇各式糕点，如猪油豆沙糕、黄松糕、松米条头糕、胡桃肉豆沙方糕、薄荷糕、海棠糕、梅花糕、鸡蛋绿豆糕、双心团、咸馅团、萝卜丝馅团、淡菜干团、牛舌头饼等，数不胜数，各有千秋。一些糕点制作有百余年历史，用料讲究，工艺精细，火候适当。驰名本地的东山白玉方糕、雪饺，是姑苏城里糕团百年老字号都没有的独有好味道，尤其雪饺声誉鹊起，采用本地糯米制作，也是明朝就有种植的优质稻种。

“东山枇杷，西山杨梅。”杨梅是常绿乔木，初夏果实累累，红紫鲜艳，《林屋民风》记载：“杨梅出洞庭山堂里、涵村、慈里者佳。”西山出产的一种白杨梅尤为世人珍视。苏州人吃杨梅，用盐水渍过，杀菌减酸，口感甘甜不酸。东山陆巷出产的柑橘、枇杷、杨梅品质居于本地之冠，口感、品质优良。

西山水月坞是碧螺春茶的发源地，明代陈继儒的《太平清话》记载：“洞庭山小青坞出茶，唐宋入贡。下有水月寺，即贡茶院也。”这里原为水月寺的茶园，所产水月茶又称小青茶、小春茶，唐宋时就已成贡品，闻名遐迩，为碧螺春的前身。碧螺春茶的形成历史与佛教文化的关系非常密切，碧螺春茶独特的螺旋状外形，就是水月寺僧人受佛像上螺状头发的启发而独创的。贡茶院旁的山坡上，种植了大片的碧螺春茶树，茶树间还种有枇杷、青梅、桃树、杨梅、石榴等花果，这里的茶叶受四季花香、果香的熏陶，香味特别浓郁，是碧螺春中的上品。

其间，东、西山着重规划、建设“苏州生态涵养发展实验区”，传统特色产业的发展需要优质的水环境，农村生活污水治理是试验区建设中的难点和关键点。2020 年以来，三山岛区域供水工程建成投用，消夏湾生态安全缓冲区项目列入省级试点，东太湖湖滨湿地带等 17 个项目全面建成，而环太湖生活污水“全收集、全治理”，治理率达 100%。“看得见山、望得见水、记得住乡愁”的美好画面正变成生动现实。

树山村西临太湖，东依苏州城，有“城市绿肺”之称

实现“一村一特色、一景一典故、一季一风光”，打造“村庄即展览”的原乡博物馆

苏州高新区掠影

通安镇树山村，西临太湖，东依苏州城，有“城市绿肺”之称。村里有“四坞”，大石坞、戈家坞、唐家坞、白塘坞连成一片，坞里藏着梨园、竹海、茶园、栈道、杨梅岭等。云泉茶、红白杨梅、翠冠梨“树山三宝”名声远扬，是村民种植副业的主要三大经济来源，精品“云泉茶”价格在市场上甚至超过同级的洞庭“碧螺春”。

树山村现种植茶叶1000多亩、杨梅2000多亩、梨树1000多亩，“看梨花，泡温泉，品土菜”，近年来树山开发旅游打出的品牌在延展。2018年成为“中国最负盛名十大节庆”。

还有年兽的文创市场化“蜕变”，尤其成功。年兽，原来是为明代一位戈姓大将军守墓的石雕，后来，戈家坞村民将之保存、放置在村口，荒废了。年轻的设计团队将古代石雕进行3D模型重塑，设计出的二次元形象呆萌可爱，小年兽的中间像哆啦A梦一样有一个小口袋，上面是一个“守”字。转

身卡通公仔“树山守”形象推出后，设计的POLO衫也畅销，卡通版“树山守”系列产品毛绒公仔、小抱枕、小拖鞋、小睡衣等受到年轻人的欢迎，变成“萌宠”网红。

“树山守”IP的不断发展，接着衍生出了表情包、动漫、文学、影视等一系列作品，扩大了IP的影响和受众，文创产品已达近百种。树山村的配电箱、有线电视箱、村民家院墙、分类垃圾桶……都是年兽形象转化而来的“树山守”，逐渐形成品牌效应，成为树山村的代言人。

其间，树山村以成立“全域旅游行业协会树山旅游联盟”，创新景区自治管理模式，形成“树山共同体”；加快推进乡村改造升级工程，对民房进行“穿衣戴帽”和景观提升，充分尊重树山村的历史文化特色及景观特色，原则上不拆除原有建筑；充分保留村内农耕文化，使用石、竹、木等原生态材料作为景观及建筑要素；完善公共旅游配套设施，统一乡村风貌，植入历史人文元素，实现“一村一特色、一景一典故、一季一风光”，打造“村庄即展览”的原乡博物馆。

洋溢港地理优势和交通资源明显，优质粮油产业、休闲农业特色鲜明

村民公共服务设施提升，全面提升幸福指数

吴江区掠影

同里镇洋溢港，占地 80 公顷，村外被农田和湖水包围，村内河道穿流而过，具有水田相依的特色村庄风貌。三四月的油菜画，七八月的稻田画，吸引了一批又一批来自苏州、上海等地的游客游览观光。同时地理优势和交通资源明显，优质粮油产业、休闲农业特色鲜明，吴江国家现代农业产业园区是其金字招牌，入选“江苏省特色田园乡村”。

其间，对田、水、路、林、沟、渠、闸进行了综合治理，完成河道疏理、面源污染治理、鱼塘疏理、田园沟渠埂整理修缮、生活污水收集、路面白改黑、三线入地、道路亮化、公厕改造、村民公共服务设施提升、入口提升改造、瞭望台和标识标牌改造、村民房前屋后整理、文化墙绘等项目，促进乡村经济文化发展，全面提升群众幸福指数。

共建乡村“科创客厅”，探索“乡村 + 科创”发展新模式

昆山地区掠影

周庄镇三株浜，位于祁浜村西南部，与周庄新镇区一路之隔。三株浜距离周庄古镇景区车程 8 分钟，离常嘉高速公路周庄出口 3 分钟，交通区位优势明显。在周庄镇打造全域旅游目标定位下，探索“政府 + 企业 + 村集体”共建模式，打造以农耕文化、主题民宿为特色的“香村”品牌。

其间，利用闲置宅基地、村集体建设用地改建“乡村振兴讲习所”“未来屋”“村史馆”等项目载体，与上海相关科技公司合作，共建乡村“科创客厅”，探索“乡村 + 科创”发展新模式。

金华村的“田园客厅”改造提升、“百姓会堂”原址重建等

张浦镇金华村，属北华翔行政村。腊肉制作技艺始于南宋淳佑年间，制作期为腊月，故称“腊肉”。旧时金华村交通闭塞、四面环水，出门靠摆渡，种的是隔江田，老百姓以种田养猪维持生计，通常宰杀腌制以方便来年食用；世代相传形成了现在的金华腊肉，质量高，口味好，驰名四乡。目前，金华村200多户村民，几乎家家户户都会腌制腊肉，古法腌肉世世代代相传形成了品牌，成为村里支柱产业之一。“昆山美食节”启动以来，金华村的腊肉销量日增，2021年全村的腊肉预订量3万方左右，约15万公斤。

其间，以“田园客厅”改造提升、“百姓会堂”原址重建、“画匠工作室”（闲置宅基地利用）、金华花海（农田整治）等项目载体建设为依托，实施“腾笼换鸟”工程。“田园客厅”原本是独立于村庄的厂房，规划利用现有厂房置换为集腊肉及农产品深加工生产、制作、销售于一体的展示中心。位于村落中心的运动区原本只有生硬的水泥地和使用率较低的门球场，场地常常被车辆占据，现保留部分运动功能，重新划定停车空间，结合腊肉文化和党建宣传，将面向主要道路的展示空间打造成停留节点。

常熟地区掠影

辛庄镇吕舍，吕舍集镇约于明初形成规模，素有“常熟出南门，吕舍第一镇”之称。当年茶食店就有稻香村、新天禄、老天禄等四家之多，还有爊锅店、虾档船、豆腐店、生面店、熟面点、酒坊、糖坊、果铺、酱园等，各种南北食物、小吃应有尽有，是繁华的商业格局，而背后则是江南农村的物产富庶、生活富裕。据说著名小说家平襟亚（号秋翁）少年时代在吕舍南货店当学徒，嗜书如命，常常偷闲看书，后来成为“鸳鸯蝴蝶派”的代表作家。

其间，吕舍老街的全面改造工程已经启动，以300多米长的吕舍老街为中心，南至驰马塘河，东至辛安塘，西至村落建设用地边缘，北至通村落，定位“商贸老街，水韵吕舍”，逐步恢复吕舍老街的商贸功能，打造富有活力的特色江南水乡环境，再现“村圩相依，循水而居”的村落格局，利用名人效应，建设“吕蒙纪念馆”“顾也鲁电影文化展示体验馆”，引导恢复吕舍老街码头商贸，历史文化氛围浓郁。

村圩相依，循水而居

肖家巷，“珍馐十里飘香，乡风百年悠扬”

链接 2

非遗长桌宴，珍馐十里香

张家港市凤凰镇双塘村肖家巷

2020 年入选“第三批江苏省传统村落名录”，已有数百年历史。位于国家 4A 级凤凰山旅游风景区内，村落内大小水塘散布，田园景观优美。全村共有村民 125 户，总人口 501 人。总面积约 73 公顷。

驱车百里，走进肖家巷。这里依山抱水，大小水塘散布，茶田相依，村落舒展，古韵今风，一座江南特色田园乡村的美景如画卷徐徐展开——

村口的青年国际乡村双创中心，造型醒目，内部陈设现代；乡非遗文化广场、河阳文化广场设计典雅，标识清晰；山歌驿站小巧别致；村庄内部道路洁净，各种公用设施完备。抬眼望去，没有城市小巷街区常

见的电线蛛网，“三线入地”让天空更加纯粹、静谧。远处的凤凰山，青山一抹，茶树翠绿，叶子发亮，在微雨中酝酿着来春的一杯清香，亮眼的是凤凰山下花海的景色，马鞭草、波斯菊，一片梦幻的华彩气质，花草都细碎朦胧，组合而成却是一大片、一大片的热烈色彩，仿佛画家用颜料直接在大地涂抹的印象派名画，这里是年轻人打卡之地，成为网络最火的“肖家巷美图”。

村里的“双创中心”展厅里可以看到各种地方美食，这几种食品及制作酿造技术都进入了张家港非物质文化遗产代表作名录、保护名录：

咸丰年间始创的高庄豆腐干距今有100多年历史，12道独特工艺，令其醇香鲜美，富有韧性，口感极佳；“拖炉饼”始于唐代，传于宋代，这种炊饼制作工艺北宋时期传入开封，南宋时传入杭州，文献都有记载，而两地均已失传，只有河阳地区传承至今，烘烤时要上下两只炉具，采用面粉、白糖、板油、荠菜、芝麻、桂花等上等原料，油而不腻，清香可口。

“珍馐十里飘香，乡风百年悠扬”，老河阳慢食聚落是当地核心产业之一，一路鳞次栉比的特色餐馆，凤凰农庄、河阳鱼馆、土菜王、吴歌人家等餐馆酒家，飘出鱼香酒气，令人不免食指大动。河阳八大碗、桃园鸡、高庄豆腐、据民间传说“弄里芹菜”制作的凉拌芹菜等美食，地域特色鲜明，吸引来自各地的食客，村里组织民间美食节庆，各店特色菜品摆开“非遗长桌宴”，百家欢聚，为食客带来更多休闲度假体验和河阳文化传承，一下打开了知名度。河阳鱼馆老板说：“这里山好水好空气好，生活有质量，生意也不愁做，每年大概有100万元收入。”“很多就餐的人知道吴歌、凤凰，但不知道河阳，说出原委后，许多人觉得有意思，也拉来很多回头客。”

穿过河阳鱼馆外院，往村里深处走，转过两道弯，再过一座桥，是做老豆腐的家庭作坊。50多岁的薛友娣坐在案前，用白纱布把一个个切好的豆腐块包裹起来摆好。每天，她要把100多斤的老豆腐切块包装，然后再用千斤顶把“大馄饨”压扁，成为制作高庄豆腐干的半成品坯料。这项制作技艺也是张家港市级“非遗”。当地人告诉我：“这样的老豆腐味道特殊，价格要比市场上的豆制品贵许多，豆腐作坊从早忙到晚，依然供不应求。”

传统文化遗产如何转化、活化，成为古老村庄焕发生机的催化剂，

肖家巷的做法“接地气”，张家港人埋头苦干、实干、巧干的劲头，在肖家巷村庄的发展、变迁中体现得非常具体。

乡村旅游产业盘活了村民闲置房屋，带来每年租金收入。产业带动就业，村民参与农家乐也得到了收入。基础环境的整体提升，让当地百姓对乡村旅游发展更有信心。河阳文化的印记、LOGO，在肖家巷处处可见。文化广场有融入当地的非遗元素——以高庄豆腐块造型设计的休闲座椅；田园木栈道上有体现河阳风俗的谚语：六月廿六城隍会，城隍奶奶娘家跑。常熟城里夜念佛，河阳街里加官跳……

肖家巷的地形、布局很有特色，既有江南平畴千里沃壤的舒展，也有村边的山丘。是当地人的勤劳造就了这里的茶田丰腴。陈保英是凤凰山茶场场长，1996 年因企业改制离开了工作十几年的岗位。一个偶然的机会，看到凤凰山山坡地上有 50 多亩荒弃的茶园，于是注册商标，设计包装，引进良种，给凤凰山茶叶穿上了靓丽“时装”，成了地地道道的精品。凤凰白茶用明前初展的一芽一叶为原料，制作工艺有别于安吉白茶，以其独有的加工工艺和口感得到消费者的青睐。面积 280 亩的茶园，寄托着创业者的自豪与梦想。

我知道她是一个古老的村庄，吴歌悠远，传唱千年。“田—林—水”一体，美丽庭院处处可见，构成了彩色的田园空间。

三家市，倪云林来过的村落

四时风色，亥夜灯明

太仓市浮桥镇三市村三家市

2020年入选“首批江苏省传统村落名录”，已有近700年历史。位于浮桥和岳王两个乡镇交界处，核心区东侧紧靠沪通铁路，现保留古街区百余米。全村常住居民72户，220人。总面积约10公顷。

倪云林有《题竹诗》：“三家市上沽村酒，亥夜明灯初自酉。官奴把烛我所无，幽篁乱写非风柳。”三家市，在倪云林笔下是寻常可见的江南村落，当年他泛舟太湖各处，“亥夜明灯”已经深夜，而居然自“酉时”的清晨就星星点点闪烁灯光，这样的村落，市肆该是如何热闹繁华?

三家市，俨然就是倪云林来过的村落了。

据三家市老人回忆，三家市旧时曾有南园、东园、西园和北园四大私人花园，市镇从东巷门到西巷门全长约2公里，北侧有跑马路，西侧有尼姑庵，西北边有古李王庙，南面有典当行。集市上有布店、药店、酒店、油车坊、肉庄、鱼摊头、铁器店、茶馆店、书场、裁缝店等各类商铺，满足日常生活所需。小市镇上应有尽有，当年这里的茶馆店竟有7家之多，非常繁荣。

三家市的发现，源于第三次全国文物普查。人们惊诧于这座村落进村处丁字形廊桥的古朴，“野史埋墟市流百纪声名；扁舟近海塘载四时风色”，村落当年依南北石头塘而建，始建于宋末元初，兴盛于清，民国至20世纪80年代初，一直是老闸西南部的主要商埠码头。

明代太仓的文坛领袖王世贞老师周道光、万历朝首辅王锡爵老师潘子禄，都是三家市人。据说王世贞、王锡爵早年都曾到三家市求学，当时三家市是太仓文化教育最发达兴盛的地方。三家市周氏在明代出了举人、进士，可谓科甲兴盛、人文荟萃。

这个村落有李王庙、民国时期私塾旧址及古银杏、百年古黄杨。现保留古街区百余米，尚有清末民初建筑近10处，结构完好。街道中央保留原十字街口，转角处建筑完好，风貌独特。

拥有700多年历史的“三家市”，得名有不同的说法：

一说，南宋末年陈章、周胜一、王逸士三家创建，故名“三家市”。另一说，1949年前，有陈士勤、龚明球、钱寅家三个大地主在此营建，龚家宅第前后三进108间，围墙高耸，里面建筑精细、雕刻精美，门厅

现保留古街区百余米，尚有清末民初建筑近10处，结构完好

外还建有谯楼更楼，故称为“三家市”。

三家市书场保存至今，很是难得。从前苏州城里的评弹艺人，往往四处演出奔波在附近村镇，茶楼是重要的演出谋生之地，也是锻炼书艺、积累经验的考场。别看台下喝着茶的老听客们似乎在聊天眯眼，哪一句唱词没入调，哪一句“噱头”说得不近常理、没效果，晚上小镇书场里的听客们个个心如明镜。据说唱红上海滩的名角们，出师后都是夹着铺盖提着弦子来这里做生意的。能在大码头的大书场、上电台放响档的红角们，当年都曾在这样的书场里卖力演出，让这些老听众满意方能磨炼出道。

太仓沙溪镇的水乡景象

下篇

村里村外如是说

题记：村落在变迁，生活在继续。如何把握传统村落发展过程中的保护与更新，在保护中传承，在传承中发展？村外看宏观，村里重落实。

从长期从事传统村落规划研究、传统建筑保护利用的专家，到村一级的基层干部，或为传统村落的保护利用提供真知灼见，或为强村富民进行产业模式的考量，或在乡村治理上给出宝贵借鉴，或已在为文化传承有所作为，使得传统建筑魅力重现……且听他们如是说。

开弦弓村，费孝通先生笔下的“江村”

找出传统村落肌理、空间形态形成的规律，对传统村落的历史价值、艺术价值、科学价值及社会价值进行评估

传统村落的保护发展，要坚持规划“先行”

赋予文化传承使命的传统村落作为有生命的有机体，其保护发展规划既是针对传统资源延续的文化遗产保护，又是当前村落治理、改善发展的行动方案，更是未来文化传承、乡村振兴的社会规划。

传统村落的保护发展，如何坚持规划的“先行”“长行”，听苏州科技大学建筑与城市规划学院副院长王勇教授如是说——

重视传统村落特征分析，准确把握保护传承核心

为了能够更为全面认识传统村落的价值、有效保护传统村落留存下来的传统资源，传统村落的保护发展规划在前期调研与研究分析阶段需要强调全面性。

前期调研阶段，需要对村落实际情况进行现场调研并获取第一手资料。除了对自然环境、空间格局等物质要素的调研，更要注重对村内的社会、经济、文化等非物质要素的考察，为接下来的分析阶段打好坚实的基础。

研究分析阶段，除了常规的产业经济、社会结构、人居环境的分析以外，还包括对村落的历史文化的分析和梳理，例如分析村落的历史沿革、人文环境，找出传统村落肌理、空间形态形成的规律，对传统村落的历史价值、艺术价值、科学价值及社会价值进行评估。综合上述两大类的分析内容，最终明确保护内容、重点以及主要矛盾。此外，还应跳出规划红线，适当地扩大研究范围，将周边诸多要素纳入分析范畴中，以完善分析研究成果。

以明月湾的保护规划编制为例，其研究范围划分为两个村落与村域两个层次，村落层次侧重保护范围的划定、文化遗产的保护研究与实施管理措施等偏向保护的内容分析，而村域层次则将研究目光放向全镇乃至苏州市，侧重产业发展以及与上位旅游规划衔接等方面的内容分析。

传统村落的历史文化研究是保护发展规划编制的重中之重。只有正确评价村落的历史文化价值，方能保证规划编制的科学性和针对性；也只有凝练村落的历史文化特色，才能在规划编制中准确地把握保护与传承的核心。

以陆巷的保护规划为例，通过对村落历史文化的梳理，一方面，在规划设计的许多环节中得以借用这些历史要素，再现了村落生活生产的

历史场景；同时也为村落发掘出大量可以策划宣传的文化要素，“宰相状元故里、院士教授摇篮”“太湖第一古村”等美称声名远扬，成功发展为全国性的历史文化旅游名村。

确定传统村落价值特色，明确保护发展总体目标

在编制传统村落的保护发展规划时，通常基于自然环境、历史街巷、传统建筑、历史环境要素以及非物质文化遗产这几大要素的划分来确定传统村落内具体的保护对象。保护范围的划定需要遵循历史真实性、完整性和可操作性的原则，核心保护区的划定通常需要满足以下要求：第一，范围内历史街巷、空间格局相对完整，文物古迹、优秀传统建筑相对成片；第二，大多数建筑结构、风貌能够反映该村的特色；第三，尽可能利用河流、街道等明确的边界空间作为范围边界。

还是以明月湾村的保护规划为例，其核心区保护范围被划定在了村

对传统村落的文保单位、古巷古街应当以“保”为主

内棋盘街巷周边，包含了村落绝大多数控保建筑、传统建筑、历史街巷，能完整体现明月湾村过去的风貌与空间肌理。

传统村落保护发展规划应当从传统村落的文化内涵、价值、特色等保护重点和当下传统村落面临的主要矛盾来确定保护发展的总体目标。一方面是面向传统村落遗产属性而产生的保护目标，另一方面则是面向社区生活属性而产生的发展目标。例如在堂里的保护规划编制中，将规划目标一分为二：一方面指向了传统村落文化遗产的保护与传承；另一方面也面向改善村民居住条件，满足现代化的生活需求。

传统村落空间格局的保护是规划中的一个重点，应该大致遵循“文化遗产不破坏”“核心区内不增量”“利用发展要分区”这几个原则。“文化遗产不破坏”指的是对传统村落的文保单位、古巷古街应当以“保”为主，这些要素均是空间格局的重要组成部分，保护好它们也就完成了一大半的空间格局保护工作；“核心区不增量”指的是核心保护区内要禁止新

明月湾深巷里的特色书店

增建设，尽可能地保留原汁原味的空间格局；“利用发展要分区”指的是针对村内不同区域要予以不同的对待（如核心区和协调区，核心区内须保护空间格局的形态不能出现大的变化；协调区内可以在与周边环境相协调的前提下，满足一定的功能需求，如商业、旅游等功能）。

以东村保护规划中的空间格局保护为例，重点保护了核心区的东村大街、栖贤巷和梧巷等古街构成的鱼骨状路网，保持了古街巷的线型、空间尺度、地面铺装。此外，对于街巷两侧的建筑也进行了整治，恢复了传统风貌，控制了街道的高宽比，禁止街巷两侧新增大体量建筑或者风貌不协调的建筑，推动三线入地工程。而在保护区外，如村落入口处规划了有着传统风貌的游客服务中心为未来的旅游发展做准备。

重视规划可操作性，保障规划有效实施

规划能得到有效实施是传统村落保护发展的关键。关于如何保障传统村落保护发展规划的实施，我认为应当从目标、要素、时空三个方面来逐步保障规划的实施。

首先是目标分解。因地制宜地在确定规划总目标的基础上，分类、分阶段提出相应的规划子目标，实现规划目标由技术描述向实施控制的转变。将规划目标进一步分解为长期和短期两类，明确各阶段保护目标，短期目标着眼于现状核心矛盾的处理，集中有限力量解决迫切需要解决的问题，最终朝长期目标共同迈进。

其次是要素分解。梳理各类要素，在分层次全覆盖的思路下，建立“单体要素、组团要素、分区要素”等多层次、分类别的保护规划体系，通过分区规划图则表达各类要素的整治的要求，提高规划的灵活性、适应性和可操作性。

最后是时空统筹。辨析实施难度，合理地安排近中远期的项目重点和实施内容，时间维度由近及远，空间维度由宏入微，将前面提到的规划目标与规划要素在时空两个维度上统筹落实。

尽可能地利用原有构件、原有材料，以保留更丰富的历史信息

传统建筑的保护利用，要具有可持续性

在数千年文明社会的发展进程中，建筑虽然始终以各种具体的实用目的，如遮风避雨、抵御外界侵害等，作为营建的出发点，但人们并未“谨此则止”（《墨子·辞过篇》），而是尽可能地将审美时尚、地域风格及民族传统等都融入建筑之中，使建筑的实际功能、营造技术与造型艺术紧密地结合起来，进而成为一个地区一定历史时期的文化积淀。人们可以从中了解过去，并获得今天及未来的借鉴。联合国教科文组织在《文化遗产及自然遗产保护的国际建议》中提出：“在生活条件迅速变化的社会中，能保持与自然和祖辈留下的历史遗迹亲密接触，才是适合于人类生活的环境，这种环境的保护，是人类均衡发展不可缺少的因素……”

关于传统建筑的存在意义及其保护利用，听苏州科技大学建筑与城市规划学院教授雍振华如是说——

传统建筑、传统村落都是当地居民在千百年与自然的不断协调中发展和完善起来的，其中凝聚着前人的智慧，蕴含着当年的科学精神。无论是单体建筑的结构造型、细部装饰、内部布置，还是建筑组群、村落的选址和布局等，都有值得我们研究、探讨和借鉴的地方。

过去，人们营宅之际需要因其身份、地位、经济实力以及个人的艺术品位、社会的审美时尚来考虑建筑的规模和装饰的奢简。所以每一幢传统建筑都能显现出一段故事、一段这个家族或家庭的历史，而在那些具有一定历史的传统村落中所蕴含的就是这个地区的文化积淀。苏州遗存的传统建筑及传统村落，所表达的是以物质形态显现的文化内涵，是以技术手段阐释的历史文明，它与当地社会发展情况、人民实际生活水平、风土人情以及资源、气候等密切联系，所承载的物质文化与精神文化信息是了解苏州历史的宝贵资料。

数千年的古代社会中，建筑被与“车舆服饰”归为一类，可见在传统观念中建筑绝不被看作是需要永久保留的。即便在今天，不少人的潜意识中还残留着这种“不时行的销灭”的观念，在面对已陈旧的传统建筑时，往往主张“不要让它们影响了发展的形象”。但随着对传统建筑存在意义理解的加深，我国对于传统建筑、传统村落的保护也在不断地深化。传统建筑的保护需要很大的资金，如果不能让这些建筑发挥应有的作用，其保护的积极性就会受到影响，于是如何协调保护与利用的关系就变得十分突出。

出于更有效地保护传统建筑的需要，江苏省、苏州市陆续出台了一系列政策和措施。一方面继续加大对已列入各级文物保护单位的传统建筑的保护、监控和管理力度；另一方面则采用更为灵活和务实的方式，允许更多的人以有利于那些处于被保护边缘的传统民居建筑留存的形式予以利用，并让他们从中获得应有的经济效益。当然，在保护利用的过程中需要遵循最基本的几项原则：

历史性保护原则。传统建筑、传统村落的价值在于久远的历史和历史的真实，今天我们保护和修缮的目的在于让这些反映历史和真实的文明能够更为完善地传递到未来。所以保护和修缮者本身就需要对其历史性和真实性具有深刻的理解，从而保证在制定保护计划时能够因不同村落的地理位置、风土条件、民情习俗的差异以及今后发展的目标做出准确定位，以发掘、展现当地独特的人文环境，而不是盲目效仿或者有意、无意地伤害或改变当地的特色。对于传统建筑的修缮，不仅需要考察建筑的存世历史，更需要了解其在长期使用过程中的变动，以“保存原来的建筑形制、保存原来的建筑结构、保存原来的建筑材料、保存原来的施工工艺”为修缮原则，尽可能地利用原有构件、原有材料，以保留更丰富的历史信息。

整体性保护原则。对于传统建筑、传统村落的保护需要遵循整体性原则，一方面，传统村落中为数众多的普通民居以及空间结构是在长期社会发展中逐步形成并被固定下来的，它们能细致入微地反映当地的历史和文化，其特殊标识作用有着不可替代的重要意义，因而整体性的保护有利于完整地保留其空间的风貌特征；另一方面，所谓“整体”保护还应包括传统村落中的民俗特质，虽然社会的发展给当地居民的日常生活方式带来了巨大的变化，但作为一个完整的生活空间，多样性的社会生活、深厚的民风习俗积淀，显现了当地特定的历史氛围和文化氛围，所以从某种意义上说，整体性保护还应该对此有所关注，忽略了传统村落的文化特质，只是将其作为旅游景点，也将会失去本应具有的保护意义。

多样性利用原则。在对于传统建筑只是重点保护时期，那些具有特殊历史价值、艺术价值和科学价值的传统建筑主要用于实物展示和公众的参观游览。随着传统建筑的存在意义被越来越多的人所认识，许多原先未被列入保护的传统民居建筑也逐渐纳入保护计划中。尽管将传统建筑用于陈列、展示是充分发挥其作用的理想方式，但将某个村落予以整体保护时，不可能将所有的传统建筑群都辟为博物馆或展览馆。因此，传统村落中的传统建筑需要允许多样性的利用，当然这种多样性利用需

整体性的保护有利于完整地保留其空间的风貌特征

要以不伤害传统建筑、古民居的留存为前提，而不是任由人们按照自己的意向毁坏原来的历史风貌和改变本身的建筑构造。

此外，传统村落、传统建筑的保护利用中处理好一、二、三产业的关系也是关键。“除了印象，什么也不带走；除了足迹，什么也不留下”，这是旅游业常喊的口号。我们当然希望如此，传统村落、传统建筑本身就是别具特色的旅游资源，本应是保护利用的有效途径和手段，但很多地方却因开发旅游而造成传统村落的改变，成了一对新的保护与发展的矛盾。我们的生活离不开乡村，乡村的基础是农业，因此首先要提升农产品的价值，延伸农产品产业链。农产品出产后还可适当发展农产品深加工，延长农产品的生命周期，丰富当地产品品类，提升其品质和附加值。另外，还可以举办农产品种植和农产品加工体验活动，实现第一产业、第二产业向第三产业转变。完善产业体系，明晰产业特色，三产协调发展，才能促进传统村落的可持续发展。

明月湾村口驳岸整修前后

重修老宅对外开放

“幽绿、宁静的气氛将一扫而光，古朴的明月湾从此永远消失。”江苏籍作家高晓声 1995 年重访明月湾时，曾这样悲观地认为。幸好，他所担心的并未成为现实。2003 年，高晓声之前所期待的明月湾未来图景开始起绘。2006 年，明月湾在完成保护整治后对外开放。2012 年入选首批“中国传统村落”名录。“水抱青山山抱花，花光深处有人家”，这个千年村落，依然是一派桃源意境。传统村落的保护和发展这个命题，明月湾在多年的实践中一直在寻找着最佳答案。

听石公村党委书记戚建锋如是说——

“三宝”是招牌

自开放以来，明月湾没有被商业化所吞没，一直保有着古老的热忱和安宁的气氛。走在明月湾的任何一条街道上，都能够感觉到那颗温和却有力的老灵魂。村民和游客都喜欢在古樟树下、古码头畔和石板街上停留，这三个地方是明月湾的“三宝”，是深厚历史文化底蕴的见证者。村里还有一条河叫明月湾港，晚上看着河里月亮的倒影，再加上古樟树，特别美。

明月湾古码头建成至今已有千年历史，2005 年被公布为苏州市控制保护建筑，同年进行了整治。古码头仍在发挥作用，鱼虾买卖、晾网补网、装货卸货，每天忙忙碌碌。从码头上面的石缝中钻出的两棵榆树，也已长得有合抱粗，成了系船带缆和晾补渔网的天然工具。2019 年，明月湾融入生态涵养区与生态岛的发展，对古码头以及明月湾至南湾里一线实行环境提升，开展生态治理。如今，明月湾的古码头天蓝水清，已是一处“网红”打卡点，也很受影视剧组的青睐。

立于村口的旗杆是明月湾的一个地标性建筑。村口沿湖的那块地是公共用地，明月湾人在这里立起 10 米多高的旗杆，每晚由更夫点好灯笼升上旗杆，作为明月湾归航船只的航标。原来的旗杆于 1939 年被日军砍断，现在的旗杆是 2005 年重立的，但旗杆石还是旧物。

大部分老宅重修后对外开放

明月湾的传统建筑在西山岛上首屈一指，2005 年在村落整治中，大部分老宅都进行重修后对外开放。如敦伦堂，是一座明代普通的农户住宅，从构架形式与山墙砌法看，应该始建于明代，目前除前进住屋山墙、塞口墙及后进住楼的四椽袱和梁为原物外，其余均按照原样进行修复，仍然不失明代风格。

明月湾还有四座古宗祠：黄氏宗祠、秦氏宗祠、邓氏宗祠和吴氏宗祠。2004 年，黄氏宗祠由政府斥资重修了大厅，重建了照壁、议事厅等，2006 年对外开放。作为明月湾的村史展览馆，里面记录了明月湾从古至今的一个发展历程。秦氏宗祠重新修复后，先是作为“明月湾财神殿”，

秦家祠堂修建前后

后改为“范蠡文化苑”。邓氏宗祠原建筑大部分毁于上世纪 70 年代，仅存照壁、门楼及厅堂遗址。2005 年由政府于原址重建，基本恢复原状，2006 年开放。这次重建时，政府还引入了社会资本参与。2008 年，我们利用修复后的祠堂建筑，筹建了廉吏暴式昭纪念馆，并于 2009 年 6 月正式开放，现在是江苏省和苏州市廉政教育示范基地。另外还有一个吴氏宗祠，之前没有修复，这次我们打算趁特色田园乡村建设的机会，把它修复好。

明月湾的传统建筑产权非常复杂，一幢房屋可能有几十家产权人。这给传统建筑保护工作带来了很多麻烦，我们需要更多的时间和配套政策去打动居民。

另外，这些古宅的土地都属于宅基地，所以我们只能向村民提出为期 30 年或更长的租赁诉求，由政府提供资金进行修缮后，再通过经营收回投入资金。同时老宅开放后，还可以解决村民的就业问题。

我们对传统建筑的抢救性保护有严格的验收标准，为的是保存这些建筑的原始风貌。在政府负责的修缮项目方面，首先就要求有专业资质的修缮团队，然后还需要经过文物部门审批和专家认证。如此严格的程序之下，明月湾的风物才得以免于时代的淘汰。为了保持村落的整体面貌，我们也要求村民在新建房屋时根据总的建筑特征施工，以使其融入当地粉墙黛瓦的砖石古巷。

礼和堂修建前后

2008 年，利用修复后的祠堂建筑，筹建了廉吏暴式昭纪念馆，并于 2009 年 6 月正式开放

敬佛

邓家祠堂重建前后

让百姓享受“再生”成果

明月湾不同于其他村落的特点还在于，我们150多户村民全部生活在景区内，因此，调动村民参与的积极性，对于传统村落的保护与发展更具重要的意义。

总体来说，明月湾村民的生活方式变化不大，他们非常勤劳，日常仍以传统的农副产品种植为主，如青种枇杷、碧螺春、杨梅等，主要收入来源于这些。当然我们也形成了以特色农产品加工为主的特色化加工产业，包括碧螺春茶叶加工和果蔬加工包装。

明月湾的旅游业一直以来发展得还是比较好的，当然年轻人出去工作的也很多，现在因为“乡村振兴战略”，整个旅游的硬环境和软环境都在提档升级，所以一些年轻人开始返乡，在村里开个民宿或农家乐也很不错。当然，我们这些年也做了很多尝试，大概在 2013 年左右，我们引进了第三方公司参与运营。通过这几年的运作，明月湾的居民现在大概有十几户把自己的房子出租给第三方公司，由他们统一来打造、经营民宿。这一方面让老百姓有固定的租金收入，另一方面也解决了一部分就业问题。此外，借助第三方公司的优势，还可以统一收购农副产品，免去老百姓的奔波之苦。

明月湾居住的老年人居多，60 周岁以上的大概有三分之一，老龄化比较严重。我们现在借助于第三方公司，成立了一个老年人日间照料点，其实在苏州经济比较好的村集体，都有提供这方面的服务。这次正好结合“我为群众办实事”党建活动，设立了这么一个点。它有几个功能，第一是明月湾有一个传统叫“讲和修睦”，而现在又讲基层治理，所以我们想让百姓自己的事情自己在这里解决，也就是村民自治；第二是老年人有一个固定的点，不是农忙季节的时候，大家可以坐在一起，喝喝茶聊聊天；第三就是提供老年人的一个配餐服务。我觉得明月湾作为一个景区，百姓应该享受到我们景区发展、村委会经济发展壮大的一个成果。所以以点带面，借助第三方公司，让居民的收入尽量再高一些，生活尽量再丰富一些。

2021 年，明月湾被命名为“江苏省特色田园乡村”。这对我们是荣誉，也是挑战。明月湾历史文化遗产多，如何在保护中去发展，值得探讨。我们既要保护传统村落风貌，又要照顾旅游发展和百姓生活需求，比如我们的路灯亮化，在重要节点上基本只见灯和光，不见线，有的只见光不见灯。如何让百姓的生活融入景区中，如何通过景区的提升和发展带动老百姓收入的增加，这是明月湾未来发展要考虑的重点。所以说特色田园乡村工作的推进对明月湾来说是一种尝试和突破，我们期待通过一种新的方式，让传统村落焕发生机。

李市，明清建筑 300 多座，基本保存完好

四周水网发达，被认为是既可躲避战乱，又能生意兴隆的“风水宝地”

“三条街五座桥”的格局不变

作家范小青在《我们到李市干什么》一文中称李市“既普通到不能再普通，又典型到不能再典型”。确实，李市很“普通”，小桥流水人家，老街旧檐古墙，君到姑苏处处可见。称其“典型”，明清建筑 300 多座，民宅占一半以上，基本保存完好；古街巷、古水道、古桥梁、古建筑应有尽有，四面环水，上世纪五六十年代仍水路进出，原始、古朴，是江南水乡风貌的范本。2013 年，李市入选“第二批中国传统村落名录”。

沧海桑田，无论世事如何变迁，繁荣、衰落，或沉或浮，生于斯长于斯的祖祖辈辈守护着家园，处变不惊。作为曾经繁荣一时的商业和农业中心，如今的李市有着怎样的“再生”规划？

现在，听李市村党总支书记张利刚如是说——

“铁李市”繁荣的痕迹

常熟的地名很有趣，许多小集镇以姓开头，以市收尾，譬如，唐市、赵市、何市、归市、徐市等，当然还有李市。古来称“市”，必是繁荣之地。李市原名“李墅”，后逐渐成为商贸集市而更名。李市作为商贸、农业中心，繁荣一时。农耕时代，四周水网发达，被认为是既可躲避战乱，又能生意兴隆的“风水宝地”。时至晚清民初，李市的繁荣和精致之态达到空前，紧跟“金唐市”“银梅李”，或“金唐市”“银石牌”之后，被誉为“铁李市”。

今日的街头巷尾、宅前屋后，还能寻见“铁李市”的痕迹；街面上不时裸露的青石板，有意无意，展现着文化的肌理。跨过那座永祥桥，左转就是那个百年铁匠铺，店主 80 多岁，一辈子就是做了打铁一件事，为街坊邻居制作农具及生活器具。

“三条街五座桥”的格局不变

李市在达到繁荣最高峰的时代形成了三条街、五座桥的格局，现在，这个格局基本没变。中街为通衢，长 300 米，宽 3.5 米；东街长 200 米，宽 2.5 米；西街长 150 米，宽 2.5 米。街上两侧的老宅有一个共同的特点：低矮、精巧、进深。门面一般 4—6 米，内有 3—4 进，都有天井、后场，第二、第三进为木结构楼房。楼门矮，辅以马头墙，正方门端有各式砖雕，或人或花，或狮或龙，或琴棋书画；墙门内侧亦有相同砖雕。里屋正梁均有木雕，回纹图形的奇花异草代表吉祥如意。各家后院有石阶河滩，可见石质缆环如故。

民居砖雕细节

我们的规划遵循“不改变文物原状”的原则，主要采用修缮方式对这些传统建筑进行保护，同时对现在的水泥铺地按照历史原貌恢复为传统的条石铺地，并延续传统街巷尺度，营造传统商业、居住相结合的历史街道氛围。古桥、水埠和砖石雕饰等不仅造型优美，而且融合了工艺技术和文化艺术，是李市历史文化的见证。清代遗存的惠绥桥、何家桥、文昌桥、永祥桥、陈泾桥，在社会变迁中遭到或多或少的破坏，但大多仍有桥座、桥墩的遗迹，如今，在原有基础上恢复了今日所见的拱桥样貌，夕阳下神采奕奕，重现了李市昔日“小桥流水人家”的景观特色。

已经六百岁的“铁李市”，今天何以为“铁”？如何做好保护、传承和可持续发展这篇文章，吸引年轻的李市人学成归来，吸引南来北往的人驻足？接下来，李市将围绕自然景观、传统格局、整体风貌、传统建筑及其历史环境要素等，探索更为科学有效的路径。

欢迎附近城市的朋友“假日游”

李市村保护与再生的目的是统筹传统价值与现代生活。我们不能只谈保护不谈利用，更不能只谈利用而不加以保护。李市村历史悠久，有

永祥桥，桥身有清代遗存

着独特的物质空间和文化底蕴，因此我们明确了李市村的保护重点和开发“禁区”，充分保护其特有的江南水乡风貌。另外，我觉得传统村落应该是“活”的，“活”的关键就是要在现代化背景下，找到既符合李市原有社会结构和习惯，又具有较强可持续性的生活生产方式。基于这个想法，我们首先坚持以农业作为基本产业，鼓励村民发展农业生产；其次，实现服务业与生产生活共促共存，即实现旅游观光与居民生产生活共促共存；第三，结合李市村的历史文化，对村落内部的民居建筑等做好基础设施与市政公共设施的建设。

近两年来，我们总投资3000多万元，参与常熟市的“千村美居”建设，新建公厕26个；经苏州市住建部门指导，按“不改变文物原状”的原则，修复4座古桥、部分传统建筑及千余米驳岸等。建设高标准鱼塘和农田，并将招商引资，打造李市渔业园区。李市无工业，水好、空气好，大闸蟹、稻米、果蔬将唱主角，届时欢迎上海、苏锡常等地的朋友来此“假日游”，可钓钓鱼和大闸蟹，采摘果蔬，品尝蒸糕和网红的青团子。

因青团子成了网红，已有许多朋友慕名而来；来了，又很期待再看到一个繁荣的李市。村支书及其领导班子，任重道远。

祝家甸古窑保存比较完整，分布比较密集，是江南地区仅存的一处砖窑遗址

“微介入”改造废旧砖厂

祝家甸位于苍茫一色的长白荡西侧，曾经，这里窑火熊熊，号子声声，舟船往来，一片繁忙景象。古窑烧出的一砖一瓦，见证了这个村落的岁月变迁。2020 年，祝家甸入选“首批江苏省传统村落名录”。在后工业化时代，祝家甸的发展曾遭遇过困境；但现在，“金砖水乡”依托砖窑文化又迎来了新生：“窑文化 +”的理念让祝家甸走出了独特的产业发展之路。

听祝家甸所属朱浜村社长黄东如是说——

“砖瓦之乡”尚存古窑 11 座

祝家甸人多地少，资源缺乏。为了解决生活就业问题，在依靠水上运输的年代，明智的祝家甸人选择窑业生产，利用优越的地理位置，为自己开辟了一条行之有效的生财之道，代代相传。至清末（1910）时，祝家甸窑墩密布，家家户户从事窑业生产和运销，是远近闻名的“砖瓦之乡”。

如今祝家甸古窑尚存 11 座，有单窑、双窑、子母窑，保存比较完整，分布比较密集，是江南地区仅存的一处砖窑遗址。据考古调查确认，这个古窑群始建于清代，民国时期又作扩建，窑壁上留有的“双钱”“双胜”等图案，都是清代原物。2006 年祝家甸古窑遗址被列为江苏省文物保护单位。

上世纪 90 年代前，祝家甸的主要产业就是烧砖。后来因为各种原因，砖窑生产规模急剧萎缩，村落空心化趋势也日益严峻。在 2015 年，祝家甸的红砖产业已经全部关停。一个历史悠久、风景如画的乡村，因此变得有些凋落。

为了让这片重点历史文化区重新焕发生机，2015 年我们邀请中国工程院院士、中国建筑设计研究院总

祝家甸古窑尚存11座，有单窑、双窑、子母窑等

建筑师崔愷团队通过“微介入”“微整形”对废旧的砖厂进行改造，启动砖窑文化馆项目，我们希望通过这个介入点来逐步实现乡村的复兴。

“微介入”再现砖厂风貌

村西边的一座上世纪80年代废弃的砖厂，曾红火一时，有着辉煌的历史，乡村改造就从这座砖厂开始。当时这座砖厂已经荒废多年，局部已经开始坍塌，设计团队在没有图纸、没有太多资料的情况下对砖厂进行了测绘与研究。为了再现当年的场景，同时为了尽量降低屋面荷载，设计团队订制模具，并设计了透明瓦，透明瓦非常轻，用螺栓固定，可以减轻屋面重量，同时产生意想不到的效果。在室内，整个空间采取了模块化的设计，所有地板单元、家具单元、设备单元、镂空单元都是可以互相替换和移动位置的，这样一个乡村小建筑可以提供更多的室内空

设计团队用砖拱进行包装，几次返工，终于砌筑成了精美的砖拱并衔接成了一条时空隧道，可以带我们回到当初热火朝天的工作场景

间可能性。现在大家每次来到这儿看到的摆设都不太一样，竟然还给很多影视导演提供了创作的空间。

乡村的设计是持续的，从上层改造的微小介入之后，各种设计不断持续地进行。首先便是对底层的加固，为了美化加固所用的钢拱，设计团队用砖拱进行包装，经过几次返工，终于砌筑成了精美的砖拱并衔接成了一条时空隧道，可以带我们回到当初热火朝天的工作场景。

为了保留原来窑工运送煤和水的坡道，新的入口空间完全采用独立基础的钢楼梯，将老的坡道保护在其中，当访客踏步在楼梯之上，还可以清楚地看到过去的坡道。

我们还加建了北侧对着湖面的露台，因为这里实在太美了，可以饱览长白荡的秀美。另外站在这里，回头能看到山墙上“淀西砖瓦二厂”的旧水泥字，那是很多人的成长记忆。

“窑文化 +”的产业蜕变

祝家甸古砖窑文化馆改造完成后，砖窑主体一层空间被规划为砖文化展示区、小型主题课堂和轻餐饮区，不少年轻人就为喝一杯“窑咖啡”而来。在古砖窑文化馆的一层廊下，我们在保留原有建筑风貌的同时进行了多功能空间的重组，人们可以在享受清闲的同时关注传统文化的延展性学习。有趣的是，结合古窑独有的地理条件，一层还设计了一个风格独特的窑洞餐厅，这吸引了很多年轻人前来用餐、体验。

古砖窑文化馆对面是砖窑文化主题的民宿酒店，一共有 10 栋小单体，白墙黑瓦，简练而别致，既注重现代感又保留了江南水乡的神韵。整个民宿的室内设计主调以建筑主体为索引进行延伸，萃取江南水乡文化、金砖文化及园林文化，旨在实现简约现代与老旧传统的和谐统一。

这种新旧业态的改造，不仅是废弃的建筑物的二次利用，我们更希望通过输入新业态，让更多人来到这里，通过这个点的刺激作用，逐步实现整个乡村的复兴，至少让村民有了留下来的机会。现在，很多原先生活在外的村民也纷纷回家翻建旧宅，开办民宿、农家乐等。

“特色田园乡村建设”的发起地

2020 年，祝家甸入选“首批江苏省传统村落名录”。同年，江苏省第二批次特色田园乡村名单公布，祝家甸试点村顺利通过验收，被正式命名为“江苏省特色田园乡村”。其实早在 2017 年 3 月 28 日，省住建厅等单位组织发起的《当代田园乡村建设实践江苏倡议》就在祝家甸发布，拉开了全省特色田园乡村建设的序幕。

作为特色田园乡村建设发起地，江苏省住建厅和苏州市住建局高度重视、支持祝家甸试点建设。我们在“生态、生活、生机”上下足功夫，以实现“生态宜居、乡风文明”特色田园乡村风貌。沿用传统的“塘浦圩田系统”，弘扬“农田为景观”的理念，积极恢复水网农田系统，让农田成为乡村的花圃，让乡村成为农田的客厅。倡导田园元素和乡村生活方式结合的建筑风格，结合砖文化展示连接农田阡陌、村内道路、田间步道、休憩空间等景观设施。我们在与介入点相邻的农田里铺设了栈道，将田地分成诸多菜地，交给当地村民耕种。随着砖厂和民宿的影响力不断扩大，农田可以作为旅游观光的景点，并且结合蔬菜种植优化农作物种类，作为农业学习体验的场所。在这里可以进行蔬果采摘、农业知识讲解等活动，进一步增加了乡村第一产业的附加值。在有效延伸产业链的同时，我们也做好“窑文化+”，制作金砖文创产品，让祝家甸的金砖文化传播出去。

另外，祝家甸湖荡资源丰富，所以我们于2017年引进舟际皮划艇俱乐部，周末开设皮划艇课程，吸引了众多爱好者，也有很多家长带着孩子来体验。锦溪长白荡环湖廊道建成后，很多摩托车队、自行车队自发前来祝家甸区域进行环湖骑行，骑行结束就在古砖窑文化馆品尝一下窑洞咖啡，或是在窑洞餐厅享用一顿独特的晚餐。

可以说，我们已经初步实现了“祝家甸·金砖水乡”的规划目标，形成了以砖窑文化创意产业为特色，以有机农业为主导，以乡村旅游产业、体育休闲产业为辅助的产业体系。我相信祝家甸的未来会更美好。

开弦弓村被称为苏南乡村变迁的“活态博物馆”

打造特色公共建筑节点

开弦弓，因流经村子的那条小清河如一张拉满的弓弦而得名。因为费孝通先生，开弦弓注定不会是一个普通的村子，每年都会有大量社会学、人类学、经济学等专业的专家、学者和学生慕名前来考察。在开弦弓，家家户户都会讲江村故事，讲和费孝通先生的故事。未来，如何书写“江村”百年画卷，如何擦亮“江村”乡村振兴品牌？

听开弦弓村党委书记夏志骁如是说——

世界观察中国农村的最好窗口

开弦弓村被称为苏南乡村变迁的“活态博物馆”，2020年，入选“第二批江苏省传统村落名录”。因著名社会学家、人类学家费孝通撰写的《江村经济》而闻名的开弦弓村，现在已经成为国内外研究中国农村的首选样本和世界观察中国农村的窗口。“江村”不仅是开弦弓村的名称，也是吴江特有的文化名片。

江村一名是费孝通先生为写书而起的，其原因有三：第一，开弦弓村是江苏的一个村落，具有典型的江南水乡风貌；第二，开弦弓村与费孝通先生的故乡同在吴江；第三，费孝通先生有一个别名叫费彝江。所以说，无论是费孝通本人，还是开弦弓村，都与“江”这个字有着深深的不解之缘。

在传统农耕社会中，开弦弓的村民长期以种稻为主，养蚕为辅。1923 年，费孝通先生的姐姐费达生女士到开弦弓村推广蚕桑学科学技术，并于 1929 年创办了全国最早的乡村股份制工业企业——生丝合作社。1936 年，费孝通先生初访开弦弓村并写下《江村经济》一书。新中国成立后，费孝通先生还曾 25 次到访江村，也留下了颇多笔墨，此时费老笔下的江村，呈现出了在党的领导下，百姓自力更生、谋求发展的向上态势，百姓生活逐渐富裕，邻里和谐，优良的传统习俗保留了下来，一派欣欣向荣的景象。

打造具有乡村传统特色的公共建筑节点

文化是乡村发展的底蕴与内核，缺乏文化的村落是没有灵魂的，我

彰显江村人文气息的公共空间

们始终坚持塑造“江村品牌”的关键，就在于把历史“血脉”和文化“基因”根植于乡村，继承延续发展历史文脉。

一方面，我们以特色田园乡村建设和江村综合提升为抓手，打造了

村落景观布置，努力探索出一条沉浸式体验的百年江村动线

具有乡村传统特色的公共建筑节点，例如江村文化礼堂、江村市集、江村 club、江村驻村教授工作室等，同时也有江村文化弄堂、小清河沿河步道等彰显江村人文气息的公共空间，年均接待访客 10 万人次。

另一方面，我们突出文化引领作用，构筑学术联盟，联合清华大学、伦敦政治经济学院等国内外高校，挖掘、梳理“江村”文化脉络，开展校地间“江村”发展论坛。同时，我们也注重优化研学体验，让村民参与到文化品牌的创建中，形成“家家是历史”“院院有文化”的开放式纪念馆，接力讲好新的“乡土中国”故事。而且我们也十分注意收集历史文献，联合苏州档案馆、吴江档案馆、江村乡贤等挖掘收集江村百年发展文史、视频、图片、文字等资料，进行提炼梳理，有机融合到村落景观布置中，努力探索出一条沉浸式体验的百年江村动线。

“江村”样本的意义

江村是长江中下游地区典型农村的一个缩影，自然条件、风土人情都极有代表性，从 1936 年费孝通先生初访江村到现在近百年的时间里，开弦弓村的社会生活变迁史很好地代表了一般农村的变化。我认为主要的意义有三个方面：

第一，对强村富民给出了产业模式参考。无论是过去的乡村工业，还是现在的文旅产业，都是紧扣时代脉搏的，同时也非常符合村落实情，做到了三产融合发展。从互助会、信贷社到现在的乡村振兴党建联盟、民宿联盟等，体现出村落发展既要积极抢抓时代机遇、政策契机，同时

围绕“一心、一廊、三村、四园”的空间结构设计脉络展开

也要自力更生，做好内外联动。

第二，在乡村治理上给出了宝贵借鉴。生搬硬套的保甲制度等智慧带来适得其反的效果，乡村治理必须从法治、德治、自治等多方面入手，坚持党建引领，充分发挥本村乡贤的重要作用，大力推广法治思维，从而为乡村治理赋能，形成协同共治、抓铁有痕的治理效果。

第三，为文化传承做出了全新尝试。不管是有一百多年历史的妇女茶会、两百多年历史的昆曲木偶，还是乡贤议事厅，在开弦弓村，经过历史的洗礼，它们没有水土不服，也没有“复旧”，而是在继承与发展中，焕发出新的生机，共同促进乡村发展。

一心、一廊、三村、四园

按照“江村”整体规划布局，我们拟在“江村”3675亩土地上，建设以文化为核心，系统运营为支撑，围绕“一心、一廊、三村、四园”空间结构设计脉络展开，导入新产业、新业态、新模式，书写“江村”百年画卷，擦亮“江村”乡村振兴品牌。

“一心”即江村村心，以文化展示、创新孵化、会议功能为主，规划综服、论坛、协创区，使之成为江村对世界发声的窗口。“一廊”即百年乡村画廊，通过收储民房的改造提升，植入展示、经营、住宿三大业态，依托陆路+水路环线向游客形象化、体验化展现中国百年乡村发展历程。“三村”即开弦弓北村、南村、荷花湾村，以保护开发为主，延续百年江村沉淀的特色乡土风貌。“四园”即休闲农园、太湖蟹园、高标稻园、快乐桑园四大特色产业园，以村心为核，打开空间格局，成为镇域农业美食对外展示体验基地。与此同时，继续积极联络高校、社会团体等，将江村文化推广出去。

我们将用“久久为功”的精神，推动江村成为全国富民工作的标杆、乡村振兴的样本和中国特色社会主义道路的最美窗口。

冯梦龙故居、纪念馆、书院、书场、农耕文化园和卖油郎油坊等组成了冯梦龙文化建筑群

数字消费
乡村振兴

冯梦龙文化建筑群落成

冯埂上相传是历史名人冯梦龙的故里，这里环境幽静、民风淳朴，至今仍然居住着众多冯氏后裔，散落着众多与冯梦龙有关的历史遗存和故事歌谣。2020年，冯梗上入选“第三批江苏省传统村落名录”。如今，冯埂上不断挖掘冯梦龙文化，并将这种文化优势转变为发展潜力，在保持传统村落特色的基础上进行特色田园乡村建设。

听冯梦龙村党总支书记董明明如是说——

冯梦龙文化建筑群落成

冯梦龙村原名“新巷村”，2014年为了纪念冯梦龙诞辰440周年，改名为“冯梦龙村”，这不仅仅是为了怀古，更是要以古鉴今，深入发掘冯梦龙身上所蕴含的历史文化价值。

虽然时间已经过去了数百年，但和冯梦龙先生有关的一些故事仍然鲜活地留在我们老百姓的口中，比如“冯梦龙读书”“冯梦龙养老鹰”和“冯梦龙举办嗑瓜子比赛”等故事和歌谣。我们曾编辑出版了《冯梦龙传说故事集》，挖掘了很多蕴藏在冯梦龙故里的传说。

作为文学巨匠冯梦龙先生的故乡，这里独特的乡土乡情曾是先生创作的灵感来源。为了纪念他，我们修建了冯梦龙故居、冯梦龙纪念馆、冯梦龙书院等。冯梦龙纪念馆就在故居西侧，馆内有图文并茂的“冯梦龙生平介绍”，冯梦龙纪念馆由通过五个单体围合成大小两个庭院，设一个序厅和四个展厅，分别从为官生涯、文学成就、吴地渊源等方面讲述冯梦龙的生平故事和成就，形成流线清晰、空间丰富、尺度宜人、造型精美并具有浓郁苏式风格的田园建筑。故居宅后有一片茂密的竹林，其枝弯而不折，挺拔洒脱，正直清高，这正是冯梦龙的人生追求。

冯梦龙村图书馆则以冯梦龙著作收藏为核心，以三言书屋、墨憨斋、

梦龙学宫等串联起“读书、藏书、刻书”三大主题，通过现代钢木结构形式，以一层建筑为主，局部二层散落在中部，力求达到与周围环境的和谐与统一，具有典型江南水乡的特色。馆内有冯埂上出土的珍贵历史文物，有各种版本的冯梦龙作品百余册，近两千万字。

冯梦龙故居、纪念馆、书院、农耕文化园和卖油郎油坊等组成了冯梦龙文化建筑群，可以让人徜徉在梦龙文化里，感受先贤文化力量。

水上廉政课堂，水路全长 1.3 公里

冯梦龙先生是一位对社会、对老百姓有着高度责任感的文学大家，他的作品反映的大多是当时底层老百姓的生活，文字通俗易懂，生动体现了“以通俗文学教化民众”的想法。在 61 岁出任寿宁知县后，冯梦龙更是将“民本”思想落到实际吏治中，克服重重困难，还民以公正与清廉，为百姓办了许多好事实事，真正实现了“为官一任，造福一方”。可以说冯梦龙廉政文化，是冯梦龙文化体系中的一个重要部分。

为重点弘扬冯梦龙廉政文化，突出廉政教育培训功能，我们推出全国首个具有江南水乡特色、展现冯梦龙村水乡田园风光以及冯梦龙廉政为民故事的“水上廉政课堂”。“水上廉政课堂”水路全长 1.3 公里，水道沿岸陈设了冯梦龙幼时“让梨分家产”和其文学作品《三言》里的多个与廉政为民有关的经典故事情景，以及“智断牛案”“‘一勺’告状”等冯梦龙明断讼案、廉政为民的故事。

我们还精心打造四知堂，通过展示宣教达到“知天、知地、知你、知我”新四知的要求，为党风廉政建设和各项事业的全面发展提供精神力量，并打造成冯梦龙村“廉政议事堂”，为村民议事、党员询事、律师评事等提供工作场所。

一到花开季，就成了旅客打卡取景的热门景点

“治村明言”“富村通言”“美村恒言”新三言

冯梦龙村一直在保持传统村落特色的基础上进行特色田园乡村建设。我们将冯梦龙文化融入田园风貌、布局形态、功能设施、产业发展等各个方面，将廉政教育培训、冯梦龙文化传承、花果体验、乡村休闲进行一体化打造，推动文化、农业、旅游、生态融合发展。

特别要说的是，冯梦龙村全村 19 个自然村已经全部建成三星级康居乡村，村里还种上了向日葵、荷花、格桑花等，一到花开季，就成了旅客打卡取景的热门景点。2021 年春节后，我们启动了“梦龙新居”计划，近两百户村民开始整体翻建老屋，建设具有江南特色的宜居住房。

特色林果产业引种了猕猴桃、葡萄、樱桃、东魁杨梅、蓝莓等，以冯梦龙民歌作品集《挂枝儿》推出水果品牌“挂枝儿”，寓意水果成熟挂满枝头。

推进冯梦龙风景区建设的同时，村党总支大力发展农家乐、民宿和土特产经营，鼓励村民以房屋入股，引进社会资本，开设精品民宿和农家乐，让村民增收创收，共享乡村振兴发展成果。

我们每年都精心举办冯梦龙文化节、中秋灯会、丰收节、采摘节等农事节庆活动，并推出美丽乡村休闲游、农业科普教育游、名人文化体验游等精品旅游线路。今年我们推出的沉浸式剧本杀《梦龙》，特别受到年轻人的欢迎。剧本杀以江南水系、苏式建筑、田园农耕、生态花果、吴中民俗为背景，是一场让人身临其境的沉浸式娱乐游戏，同时能深入体验江南文化的魅力。

如今冯梦龙村年年变样，越变越好，引得越来越多的村民回到村里谋发展。未来，我们还计划引进亲子研学游、农耕文化游等项目，通过一、二、三产业间的紧密连接和协同发展，持续释放富民效应。

讲好“冯梦龙”故事、做活富民文章、建设法治乡村，我们从冯梦龙先生纂辑的“三言”中获得启发，创建了“梦龙新言”党建品牌，合力谱写新时代新“三言”，即“治村明言”“富村通言”“美村恒言”，点燃乡村振兴新引擎。

歇马桥，因南宋抗金名将韩世忠在此歇马而得名

广场两匹枣红马雕塑一卧一立，艳丽醒目

定胜桥跨在石浦江上，桥北堍左边有歇马桥画廊

链接 3

两匹枣红马一卧一立艳丽醒目

昆山市千灯镇歇马桥村

2014 年入选“第三批中国传统村落名录”，已有千年历史。位于昆山市千灯镇南郊，仍完整保留“水街相依、窄巷深弄”的传统风貌格局。全村 13 个自然村，常住居民约 476 户，近 1800 人。总面积约 362 公顷。

歇马桥，因南宋抗金名将韩世忠在此歇马而得名。据《昆新两县志》《淞南志》载：“（歇马桥）跨大石浦，相传宋季韩蕲王，遗桥济师，驱石计工、立马而成。”“镇在是邑东南隅，壤接青浦县界，直桥架石浦，相传建自宋季，驱石计工、立马而成。”

《万历重修县志》记，北宋嘉祐年间（1056—1063）苏州地区兴修水利，开凿新开江，也就是吴淞江，引导太湖水流入海，昆山有南北大浦四十二条。浦，本义为入江支流之称，后引申指水边和河流入海的地区，石浦河就在四十二浦之中。歇马桥在石浦河西，过一条小河便是青浦，村落地理位置恰好是苏州与上海的交界处。

今天的歇马桥村，交通便利，很多人是去昆山千灯古镇时，偶然路

窄巷深弄，仍是传统的起居方式

过，才发现这个原生态传统村落的。因为区位较为偏僻，歇马桥避免了现代化的过度开发，保留下完整的村落居住格局。“龙形水系”贯穿南北，河街相邻，民居临水而建。长约 500 米的古石板老街上，街两旁均为两层楼房，大多样式素朴，楼下为铺面，还上着老式门板。这条老石街上仍保存有千年古石，朱家屋内、夏家场上的百年黄杨、桂花古树也依旧迎来送往。

歇马桥属江南商旅水路运输的要冲，曾是一个重要集镇，舟楫货物云集，商业繁荣一时。到民国时代尚有商户80余家，包括理发店、铁行、茶馆、布庄、药店、水果店等，分布在石浦河西侧老街上滩、下滩之中，少量在河东街道上。上世纪50年代，歇马桥仍店铺林立，人流如织，依旧是上海青浦赵屯等周边地区的一个商贸集镇。石浦河也是小镇商贸中心，赶集人全是坐船而来，许多交易就在水上完成。

走进村口，牌坊上的对联气势恢宏。定胜桥跨在石浦江上，桥北堍左边有歇马桥画廊，广场两匹枣红马雕塑一卧一立，艳丽醒目。桥下石浦江弯弯曲曲，夏天若有少许荷叶点缀，叶下游鱼穿梭，就是宁谧的清凉胜地。韩世忠纪念馆是在原歇马桥小学旧址上改建而成的。一前一后两座歇马桥，历来众说纷纭，它们分跨石浦河及其支流上，南北遥对，连接这两桥的是长度不足200米的古民居的巷子。

村里人说起韩世忠到这里的往事：

1126年，金兵大举入侵中原，北宋灭亡，康王赵构南撤绍兴，后迁临安（今杭州）立朝称帝为南宋。1129年金兀术再次率军侵宋，兵进江南，渡吴淞江，江南水乡河道纵横密布，不利金兵马队前行。宋将韩世忠此时受命率军抵抗，行军到后腰庄时，发现大石浦河无桥可通，就下令军队原地休息，令工兵在河道上速架桥梁，元帅下马小歇，等便桥架好继续行军。当地百姓为纪念韩元帅曾在此搭桥、倚马而待，取名“倚马桥”，后来翻建石桥时，定名为“歇马桥”。

孝子石坊百年屹立，古黄杨树青翠，老桂花树等待来年芳郁吐香。村里尝试“歇”文化品牌打造，挖掘历史文化，悉心引进半山诗雨、金谷里等吸引年轻人的文化休闲项目落户，“慢生活”品牌契合现代人的消费需求。一种取名“美人红”的柑橘，是果品基地从日本引进的新品种，味道鲜美，得到不少游客的青睐。

1939年6月中旬，新四军淞沪江南抗日义勇军东进苏南，7月初在歇马桥地区同昆山、青浦一带的游击队胜利会师，在歇马桥地区组建了新四军淞沪昆南抗日游击区。为纪念中国人民抗日战争胜利70周年，这次利用老街旧居，打造了“新四军淞沪抗日史迹陈列馆”，重点展示新四军淞沪（千灯）抗日游击区军民抗日对敌的光荣历史，也是传统村落骄傲的延续。

歇马桥没有乌镇这样出名，但星罗棋布在江南大地的这种普通的乡镇集市，千千万万“林家铺子”，其实一样源远流长。村落的一砖一瓦、一树一石，都是江南村落男女耕织、手工劳作、勤劳经商形成的财富积淀与文化传承。

“振东侨乡”与孙中山先生渊源深厚，是当年归国的广东台山籍华侨在昆山留下的物质文化遗存

南洋风情，民国味道

昆山市周市镇东方村振东侨乡

2020 年入选“第二批江苏省传统村落名录”，已有数百年历史。位于周市镇东南，东面、北面与太仓市毗邻，南与昆山开发区仅一河之隔，是苏南地区迄今发现的唯一侨乡。全村常住居民 86 户，298 人。总面积约 50 公顷。

来到振东村，一幢幢民国风格的小洋楼令人惊奇，斑驳的红砖墙，古朴的罗马立柱，一百多年前，一群不为人知的归国华侨，在此经营乐土，史迹存留至今。

“以前我们这里叫振东村，现在属于东方村”，村里人介绍，上世纪 20 年代，一批广东台山华侨前来买了 1000 亩土地，组织“振东农垦公司”，然后招股建设，盖房修路，挖塘养鱼养鸭，经营起这个自然村。当地人开始不了解内情，认为这些外来人如此有钱，还备有自卫的枪械，“强盗村”说法不胫而走，给这个江南侨乡增添了神秘色彩。

振东侨乡有昆山最早的水泥道路，在一片江南水乡中，有这样的一个村子，红砖洋房林立，全然不似粉墙黛瓦的水乡风格，这其中的关键人物，是 1923 年跟随孙中山先生回国的加拿大华侨黄湘和马湘，他们应旅居海外的亲戚之意，买下了昆山、太仓交接之处的千亩土地。荒地上矗立起的洋式红房子，“四面多开窗户，空气新鲜充足，室内有卧房两处到四处，都有浴室、厨房、厕所、会客室。门前有花园，四周围以竹篱或短墙，碰到婚嫁丧集会，有公共礼堂”，后来还建了议事大楼、学校、农产品加工场、仓库、码头等公共设施。

为何要将公司定名为“振东”？有文章回忆，因为村落位于当地东方村，也有文章指出，取这个名字，是因为这些台山归侨集体居住在昆山，离家乡遥远仍心怀故土，取振发广东之意。

来自世界各国的侨胞们在此过着世外桃源般的生活，这里成为苏南地区的华侨乐园。当时有报道称，振东侨乡“是乡村建筑的模范，可作社会建设借镜”“改良农村建筑的先进者”。可惜后来因为战乱和匪患，许多人不得已再次背井离乡，振东侨乡走向衰落。几经风雨，振东侨乡几乎被人遗忘。

时至今日，这里还保存着民国建筑 28 栋，均为歇山式建筑，坐北朝南，有平房和楼房，清水墙，砖砌结构，大部分保留着原有的建筑风貌，别具一格。它们不仅具有独特浓郁的建筑风格，而且形成过程与孙中山先生领导的民主主义革命紧密相连，具有重要的历史意义。

“振东侨乡”与孙中山先生渊源深厚，是当年归国的广东台山籍华侨在昆山留下的物质文化遗存。这些侨胞给当时的昆山带来了较为先进的生产、生活方式，更留下诸多文化印记与沧桑往事，令人感慨。

现在的振东侨乡，经过科学的修复，还原了本来面目，走进其中，就像回到了民国时代。

后记

远离城市喧嚣的传统村落，在当代人心目中，往往是一处偷得半日闲的“桃花源”和诗意的慢生活象征。值本书付梓之际，我们要与读者共勉的是，苏州传统村落，将远不止这些云淡风轻的印象。

千百年间，或贵族大胄南迁于此，兴土木、置田产，建设家园，或文人墨客乃至皇帝出巡打卡，吟诗抒怀，风月无边，历史遗存可鉴。更有生于斯、长于斯、兴衰沉浮于斯的世代瓜瓞延绵，又见一钩新月天如水。苏州传统村落——这份丰厚文化遗产留给我们的，则是沉甸甸的关键词：保护、发展、活态传承。

传统村落的保护、发展、活态传承，是新型城镇化的必然要求，也是乡村振兴背景下一项亟须深化探索的命题；留住吴地文化的根，守住苏州传统的魂，着眼于文化传承和乡村振兴，让苏州传统村落“望得见山，看得见水，留得住乡愁”，是我们的使命，也是我们的责任。

本书正是站在使命和责任的层面，零距离调研、客观描述苏州传统村落在守望过程中所经历的种种变化，也是对近年保护性建设的阶段总结与审视：村落传统选址、格局、风貌及自然田园景观、河湖沟塘水系得到全面保护，街巷空间结构、形态得到优化，延续原始脉络肌理；慎重开展历史遗迹遗址的恢复重建，对传统建筑集中连片区予以整体保护和重点修复，部分进入当代生活进行活化利用。同时，充分挖掘、系统整理村落所承载的优秀传统文化，培育特色产业经济，结合人居环境整治，统筹开展基础设施和公共服务设施建设，有效改善村落生产和生活条件。

祖祖辈辈共同缔造并源远流长的苏州传统村落，智慧无处不在。本书还从传统建筑的细节科普入手，特别选取凸现传统建筑营造智慧的经典范例，做较为详尽的白描，便于读者阅读、理解，并获得美感。

感谢文汇出版社及其采编、摄影团队的辛勤付出，感谢苏州科技大学、苏州市计成文物建筑研究设计院、吴中区金庭文体中心、苏州吴中文化旅游发展集团有限公司、吴门园墅工作室的专业顾问。本书力求准确、专业、生动、可读，不到之处，敬请各位方家批评指正。

2022 年 8 月

蓦然回首，大美无言

中国传统村落（苏州 14 个）

第一批（2012 年）：

吴中区东山镇
陆巷古村

吴中区金庭镇
明月湾古村

第二批（2013 年）：

吴中区东山镇
三山村

吴中区东山镇
杨湾古村

吴中区东山镇
翁巷古村

吴中区金庭镇
东村古村

常熟市古里镇
李市古村

第三批（2014 年）：

吴中区金庭镇
衙角里村

吴中区金庭镇
东蔡村

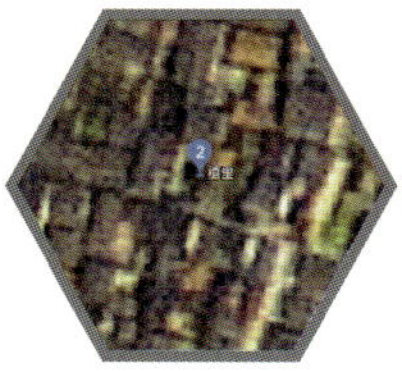
吴中区金庭镇
植里村

吴中区香山街道
舟山村

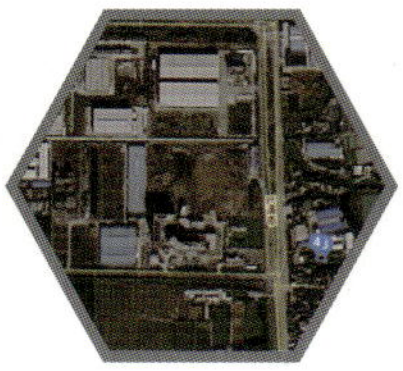
昆山市千灯镇歇
马桥村

第四批（2016 年）：

吴中区金庭镇
后埠

吴中区金庭镇
堂里

江苏省传统村落（苏州 71 个）

第一批（2020 年 2 月）：

吴中区：

金庭镇东村村
东村

金庭镇蒋东村
后埠

金庭镇堂里村
堂里

金庭镇石公村
明月湾

金庭镇东村村
植里

金庭镇东蔡村
东蔡

金庭镇衙甪里村
甪里

金庭镇缥缈村
西蔡

东山镇陆巷村
陆巷

东山镇杨湾村
杨湾、上湾

东山镇莫厘村
翁巷

东山镇三山村
桥头

香山街道舟山村
舟山

临湖镇灵湖村
黄墅

张家港市：

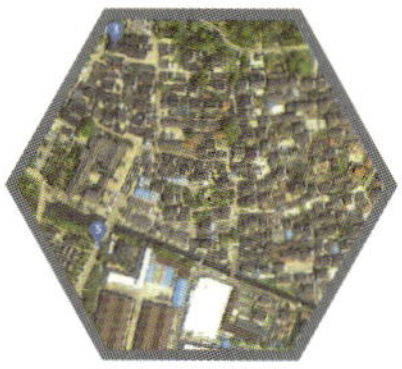

凤凰镇恬庄村
恬庄

昆山市：

周庄镇祁浜村
三株浜

千灯镇歇马桥村
歇马桥

张浦镇姜杭村
姜里

锦溪镇朱浜村
祝家甸

常熟市：

古里镇李市村
李市

辛庄镇吕舍村
吕舍

碧溪新区李袁村
问村

梅李镇沈市村
沈市

太仓市：

浮桥镇三市村
三家市

沙溪镇泥桥村
安里街

第二批（2020年9月）

昆山市：　吴江区：

周市镇东方村
振东侨乡

七都镇开弦弓村
开弦弓

松陵街道南厍村
南厍

吴中区：

香山街道长沙社区
施家湾

香山街道长沙社区
南旺村

角直镇瑶盛村
东浜

第三批（2020年12月）：

张家港市：　常熟市：

凤凰镇双塘村
肖家巷

塘桥镇金村村
金村

董浜镇观智村
天主堂

昆山市：

张浦镇金华村
北华翔

张浦镇赵陵村
赵陵

淀山湖镇永新村
六如墩

锦溪镇张家厍村
张家厍

吴江区：

黎里镇东联村
许庄

同里镇北联村
洋溢港

吴中区：

东山镇杨湾村
西巷

角直镇湖浜村
田肚浜

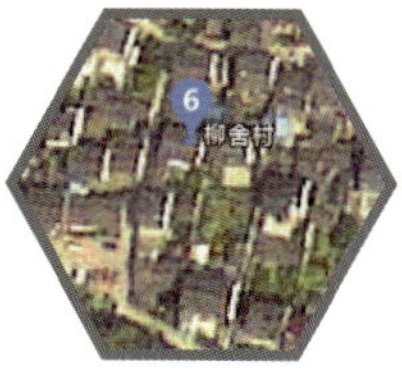

临湖镇石舍村
柳舍

横泾街道上林村
东林渡

越溪街道张桥村
西山塘

越溪街道旺山村
钱家坞

越溪街道旺山村
西坞里

相城区：

望亭镇迎湖村
南河港

望亭镇迎湖村
仁巷

黄埭镇冯梦龙村
冯埂上

苏州高新区：

通安镇树山村
戈家坞

通安镇树山村
虎窠里

通安镇树山村
大石坞

通安镇树山村
唐家坞

第四批（2021 年 9 月）：

昆山市：

巴城镇绰墩山村
庙前

巴城镇武神潭村
武神潭

千灯镇吴桥村
吴家桥

周庄镇东浜村
银子浜

吴中区：

东山镇杨湾村
石桥

第五批（2021 年 12 月）：

太仓市：

浮桥镇方桥村
方家桥

昆山市：

锦溪镇马援庄村
马援庄

吴江区：

黎里镇东联村
枫里桥

黎里镇三好村
江泽

桃源镇严幕村
西亭

震泽镇众安桥村
谢家路

平望镇溪港村
溪港

吴中区：

东山镇陆巷村
山址

东山镇双湾村
古周巷

光福镇冲山村
东头

光福镇冲山村
西头

木渎镇天池村
北竹坞

主要参考文献

1. 苏州市吴中区西山镇志编纂委员会编：《西山镇志》，苏州大学出版社，2001 年

2. 薛利华主编：《洞庭东山志》，上海人民出版社，1991 年

3. 吴县地方志编纂委员会编：《吴县志》，上海古籍出版社，1994 年

4. 王恬主编：《古村落的沉思：中国古村落保护（西塘）国际高峰论坛论文集》，上海辞书出版社，2007 年

5. 苏州市吴中区吴地历史文化研究会、苏州太湖旅游发展集团有限公司编著：《古村的味道》，江苏人民出版社，2021 年

6. 沈庆年编：《古村遗韵》，文汇出版社，2012 年

7. 苏州市吴中区文物管理委员会办公室编：《吴中文物——古镇、古村、古建筑》，上海科学技术出版社，2017 年

8. [清] 凌寿祺撰：《浒墅关志》，广陵书社，2012 年

9. 马学强著：《江南望族——洞庭席氏家族人物传》，上海社会科学出版社，2004 年

10. 张海英著：《明清江南商品流通与市场体系》，华东师范大学出版社，2002 年

11. 潘泰泉著：《白居易传》，北岳文艺出版社，1996 年

12. 傅衣凌著：《明清时代商人及商业资本　明代江南市民经济试探》，中华书局，2007 年

13. 樊树志著：《明清江南市镇探微》，复旦大学出版社，1990 年

14. 郑丽虹著：《苏艺春秋——“苏式”艺术的缘起与传播》，山东美术出版社，2009 年

15. 朱晓明编著：《历史 、环境、生机——古村落的世界》，中国建材工业出版社，2002 年

16. 梅耀林、汪涛、丁蕾：《〈江苏省传统村落保护发展规划导则〉核心内涵及规划实例说明》，《乡村规划建设》，2017 年 12 月 31 日

17. 复旦大学国土与文化资源研究中心：《传统村落如何再生》，《小康》，2018 年 10 月 21 日

18. 胡燕、陈晟、曹玮、曹昌智：《传统村落的概念和文化内涵》，《城市发展研究》，2014 年 1 月 26 日

19. 冀婷婷：《传统村落的概念和文化内涵》，《居业》，2018 年 2 月 20 日

20. 张秋宏、贾安强：《传统村落空间格局规划保护与应用研究》，《智能城市》，2020 年 12 月 14 日

21. 雍振华：《论传统民居的保护（上）（下）》，《中国名城》，2009 年 9 月 5 日、2009 年 10 月 5 日

22. 谢卿超：《传统村落的保护与发展问题及策略——以苏州市明月湾村为例》，《城乡建设》，2021 年 2 月 5 日

23. 阳建强：《江南水乡古村的保护与发展——以常熟古村李市为例》，《城市规划》，2009 年 7 月 9 日

24. 姚林、曹梦莹、杨杨：《我国传统村落保护发展规划研究概述》，《池州学院学报》，2018 年 6 月 28 日

图书在版编目（CIP）数据

今月邀我问古月：苏州传统村落守望录/苏州市住房和城乡建设局编. — 上海：文汇出版社，2022.10
ISBN 978-7-5496-3900-7

Ⅰ. ①今… Ⅱ. ①苏… Ⅲ. ①村落—苏州—名录 Ⅳ. ①K925.35-62

中国版本图书馆CIP数据核字（2022）第188782号

今月邀我问古月：苏州传统村落守望录

编　　者 / 苏州市住房和城乡建设局
策　　划 / 陈雪春
责任编辑 / 吴　斐
装帧设计 / 李树声

出版发行 / 文匯出版社
上海市威海路755号
（邮政编码200041）
印刷装订 / 苏州市大元印务有限公司
版　　次 / 2022年10月第1版
印　　次 / 2022年10月第1次印刷
开　　本 / 787×1092　1/16
字　　数 / 100千
印　　张 / 20.25

ISBN 978-7-5496-3900-7
定　　价 / 98.00元